改訂新版

合気修得への道

佐川幸義先生に就いた二十年

木村達雄 著

立取合気上げ　（昭和 57 年 1982.5.7　第 3 元直伝講習 10 回目）

両手捕の合気投げをする直前に合気上げで浮かしているところ。私の身体がすっかりコントロールされて、全く自由を失っている（撮影：内野孝治）

前首締両手捕三人投げ　（平成元年 1989.9.29　撮影：前林清和）

一人が前から先生の首を締めそれぞれ諸手で先生の手をつかむ。

先生はまず首を締めている者を飛ばし、次に両手をつかんでいる者を飛ばした。

本当のやり方は三人をぶつけてしまうとのことであるが、先生は弟子の安全のため、このようにされた。

合気正面打ち　（平成元年 1989.10.20　撮影：前林清和）

最初に正面打ちを受けた時点で、すでに合気により相手の力を消してしまっている。

左端：武田惣角先生、中央：佐川子之吉氏（佐川先生の父親）大正３年（1914）

佐川幸義先生（昭和 50 年　1975.10.12 ）　73 歳

佐川先生と私　諏訪大社雷電像前にて　平成 5 年 (1993.8.23)
なお車椅子は先生の休憩用に門人が用意したもので、先生は普通に歩かれていた。

改訂新版　合気修得への道

佐川幸義先生に就いた二十年

はじめに

本書は平成十七（二〇〇五）年に初版が刊行された『合気修得への道』の新版の改訂版です。もともと初版は『合気ニュース』一四〇号と一四一号に載った私のインタビューに基づいています。

インタビューを単行本にする話が持ち上がったので、新たにいくつか章を書き加えたのですが、それでも単行本にするのは量が足りないと言われ、苦肉の策で、インタビュー部分の英訳を最後に付け加えて何とか単行本として出版しました。

しかし中途半端に英訳がついてしまったので、インタビュー以外の章の英訳をする機会が失われてしまいました。

むしろフランス語訳のほうは、二〇一〇年に佐川幸義先生の黒帯・直弟子の稲妻望・ブリジット夫妻の尽力でパリから出版されました。

平成三十年に「今度九刷を出しますが、出来れば新版にしたい」と出版社から話があり、新版では、英訳部分を削除して、色々新しく書き直しました。

第一章から第三章は、インタビューに基づいているので、大きな変更はありません。

今、改めて読むと、あの時インタビューを受けていなければ、もうこういう内容は書けないような気がしてきました。物事には時期があると思いました。

平成二十七年に佐川先生の息子さんの敬行さんが亡くなり、佐川家のお墓が品川駅の高輪《たかなわ》口から柘榴坂《ざくろ》を道なりに歩いて十五分（または隣の高輪ゲートウェイ駅から歩いて五分）の所にある高野山《こうやさん》東京別院の円融塔に移されました。

そして、その隣に、庵治石《あじいし》による佐川先生の顕彰碑が建ちました。

これには、直木賞作家の津本陽氏が関係しており、それがきっかけで、津本氏は、佐川先生に関する小説『孤塁の名人』（文藝春秋）に次いで、新たに『深淵の色は　佐川幸義伝』（実業之日本社）を書くことになりました。

津本氏からは、新しく小説を書くにあたって、新しい資料が必要だから色々協力してほしい、と言われました。そこでみんなで資料を調べたり、佐川先生の思い出を書いたり、それは一年以上に亘り、本当に大変な仕事でした。

津本陽氏は平成三十年に亡くなられて、この本が遺作となりました。

これらの経緯や新しい情報も含めて、新しく第四章「佐川先生の顕彰碑と津本陽氏の遺作『深淵の色は　佐川幸義伝』」を追加しました。

また初版の時より合気に関する考えも変わってきたので、第五章「合気について」を全面的に書き直しました。

第四章と第五章を書くに当たっては、門人仲間である石井以智子さんと仙波仙太郎さんに色々協力を頂きました。ここに記して感謝の意を表したいと思います。

新版が出版された後、令和四年には、大東流合気佐門会による『史料　佐川幸義先生・合気写真集』が限定五百部でどう出版から出版されましたが、発売十日で完売して入手不可能になりました。

一方、佐川敬行さんが亡くなられたあと遺言により、佐川道場の土地は小平市に寄贈されました。長い間、その土地をどうするかの話し合いが行なわれましたが、小平市は、そこを整備して小平市立合気公園（佐川幸義邸跡地）とすることにし、令和六年三月二十三日に開園セレモニーがあり、佐川先生の新しい顕彰碑の除幕式が行なわれました。

そして翌日、三月二四日の佐川先生の命日に高野山東京別院で、二十七回忌が行なわれ、百八名の門人が参加しました。

このようにある意味で、一区切りがついた時期に、新版の増刷の話を頂いたので、この機会に入手困難になった『史料　佐川幸義先生・合気写真集』に掲載した大東流と合気道に関する貴重な史料やいくつかの写真を本書に再録し、さらに小平市立合気公園（佐川幸義邸跡地）の開園セレモニーと二十七回忌の情報の掲載も含め、史料的価値を持つ改訂新版として新たに出版することになりました。

この本が多くの人に、人間の可能性の大きさに気付かせて、夢や希望、そして勇気や力を少しでも与えることが出来たら、著者としては大きな喜びです。

令和六年五月吉日　　木村達雄

改訂新版 合気修得への道

佐川幸義先生に就いた二十年／目次

第一章　佐川幸義先生演武写真集（技解説　木村達雄）

12-13P に連続写真と技解説

多人数捕

先生の手や体に触れたところからすさまじい影響が体にきて崩され倒されてしまう。　平成元年9月29日

首締アゴ当て

私が両手で前から首を締めていくのを軽く合気で崩してしまう。アゴに手が当たる前に合気で崩され、私の体全体の力がすっかり抜けてしまっている。
昭和63年4月15日　(文藝春秋の今井仁史氏撮影)

三元短筒捕

何回試みても、先生に対し引き金を引こうと指を動かす瞬間、すでに先生が銃口から消えているという感じだった。ところが先輩に対しては簡単に引き金を引けた。何かが本質的に違った。

諸手捕返し技

どんなに強くつかんでもスーッとまったくぶつからずに手を返されてしまう。その時、身体全体が崩れてしまう。

片手捕合気投げ

この技で投げられた時、合気道で普通にやっていた呼吸投げの武術的原点を感じて感激した。抵抗のしようもなく浮かされて、あっという間に投げられてしまう。自分から受身を取る必要はまったくない。

両差捕合気投げ

私が両手で先生に組み付くと、体合気により浮かされ投げられた。
平成元年9月29日

両差捕合気体返し

私が両手で差していくと、先生は身体の作用だけの体合気で私をはじき返した。まるでとてつもなく大きなものにぶつかって、はね返された感覚だった。

諸手両袖捕合気二人投げ

二人がそれぞれ先生の両袖をつかむ。合気がかけられているために二人とも足が自由に運べず、ものすごい崩れ方をして倒された。

諸手捕合気投げ

上の写真は、受けを取ろうとしているのではなく、合気により頭の位置を下げられてしまっている。

つかみ手投げ

両手をつかむことによって合気で相手の力を抜いてしまって投げる技。つかまれた時に痛い場合とまったく痛みがない場合がある。

前首締両手捕三人重ね倒し

一人が前から先生の首を絞め、ほかの二人がそれぞれ諸手で先生の手をつかむ。先生はこの時は飛ばさず、三人とも下へ倒して重ねた。

棒の合気

先生が真ん中を持っている棒の両端を二人でつかむが、合気により一瞬で二人とも崩される。

右が私。

平成2年2月19日

三人重ね倒し

三人に両手をつかまれたのを合気により重ねて倒してしまう。

奥襟捕合気投げ

右手で先生の奥襟をつかむと、身体と首の微妙な操作により、手首が二ヶ条をかけられたように極まってしまい、浮かされて投げられた。

抱え上げ潰し

津本陽氏が初めて佐川先生を訪ねた1987.7.3（佐川先生85歳の誕生日）に見せた技。

自分の両足でしっかり立ち、腹の上に先生を乗せるが、軽く感じる。
これでは倒される筈がないと確信する。

次の瞬間、自分が崩れて先生は畳に立っている。あり得ないと思った。

外無双角度変更

手を軽く当てて崩し、私の右手を左ひじではさんで極めて、体の角度をわずかに変えて引き倒す。

前首締肘極め

右手で私の前首を締め、左手と左膝で私の左肘を極めている。

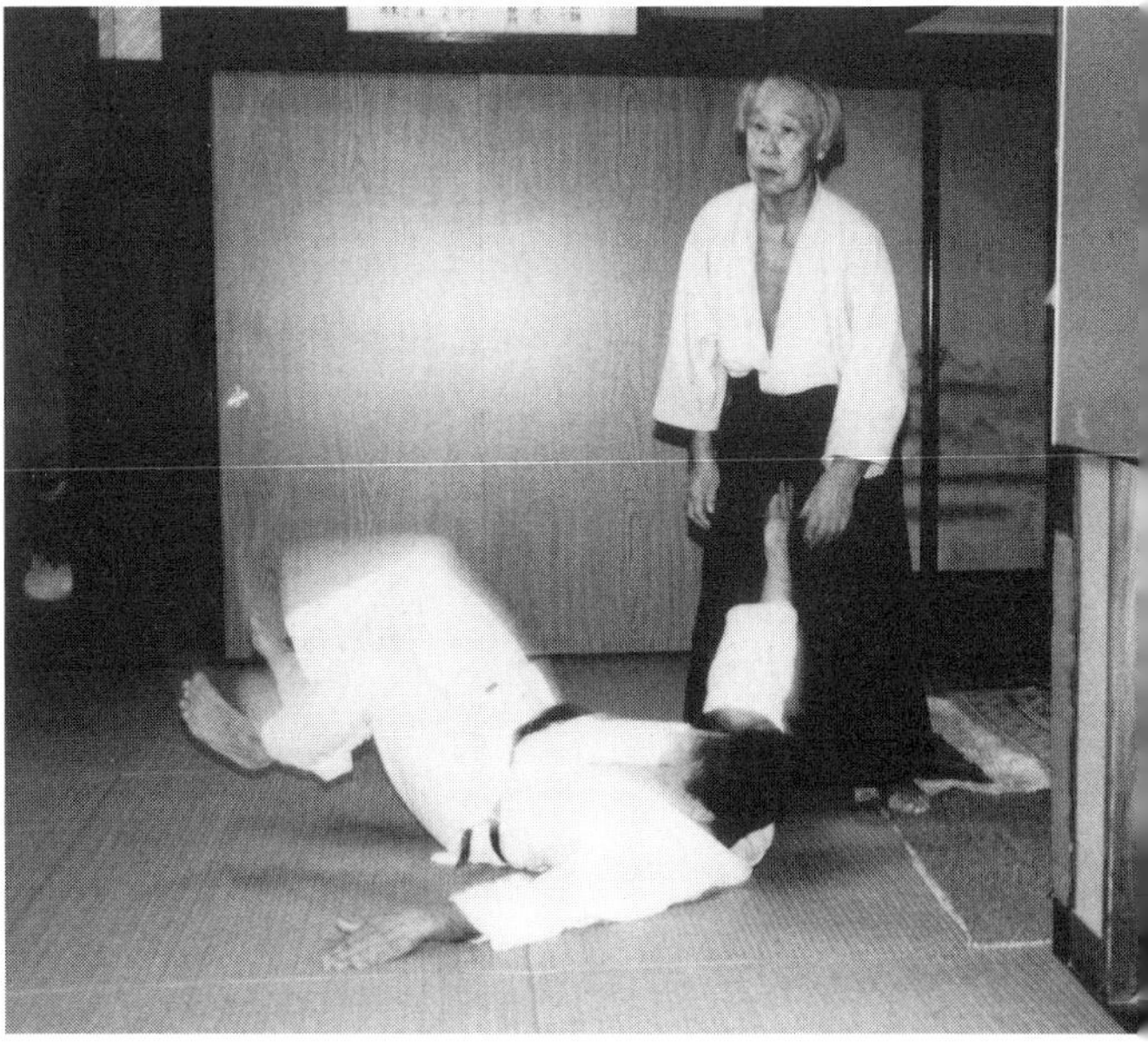

両袖捕すくい投げ

私が両袖（袖とは肘のあたり）を押さえると合気で浮かされてすくい投げられた。普通のすくい投げと違うところは、すでに合気をかけられて抵抗力を奪われているところである。

両つかみ手回転投げ

佐川先生が私の両手をつかみ、右回転で仰向けに投げ飛ばしたところ。
昭和63年4月15日　(文藝春秋の今井仁史氏撮影)

佐川先生の棒術

棒をつかんだ瞬間に下へ叩きつける一瞬の技。そのスピードのため帯や稽古着のすそが上へ立っている。高速度カメラで撮影。　平成2年2月19日

片襟片袖捕合気投げ

柔道のように片襟片袖をつかむと、
合気で真後ろに吹っ飛ばされた。

後両手縛りの技（その1）

武田惣角先生の技の再現

(1982.9.23『月刊空手道』取材写真：
以下43頁まで、写真提供：高橋賢氏)

後両手縛りの技（その２）　佐川先生による体合気

合気拳法・蹴りの合気

合気二刀剣・体捌き斬り

対槍捌き

小原良雄氏の鋭い槍を紙一重でかわして制する佐川先生の神業

佐川先生の槍の合気

突きの猛烈さから「突き増」と言われた増田道義範士（中山博道門下で羽賀準一の兄弟子）は厳しい批評をする方だったが、「月刊空手道」に載ったこの写真をお見せしたら、しばらくじっと見て静かに頭を下げて「恐れ入りました」と言われた。増田先生ご夫妻には大変良くして頂き何度もご自宅でお話を伺った。

前首締両手捕三人投げ

首を締めてきた者をまず投げ飛ばしてから、手を持つ者たちを後方投げ。

柄頭崩し

前林清和氏（剣道五段）が木刀を抜こうとした時、その柄頭をつかんで、合気により体全体を崩してしまう。(撮影　朝日新聞)

胸捕片手捕

両胸捕

先生に「遠慮せずに思いっきり強く胸をつかんでみなさい」と言われ両手で先生の胸をつかんだところ。次の一瞬倒された。

短刀捕

短刀で先生を突いたらこの形になっていた。
昭和57年5月7日　(三元直伝講習で)

立捕合気上げ

三元合気投げをやる直前の合気上げ。

体合気二人投げ

二人がそれぞれ巻き捕りで先生の胸倉をつかむ。体合気により二人ともものけぞり、仰向けに倒された。

合気拳法

私を合気による右突きで倒す佐川先生。佐川先生は形としての合気拳法も教えられたが、厳密な意味では合気を使った拳法が合気拳法である。
平成元年 11 月 17 日　(朝日新聞撮影)

棒を構える佐川先生　昭和51年11月7日

佐川先生の宗家継承・史料

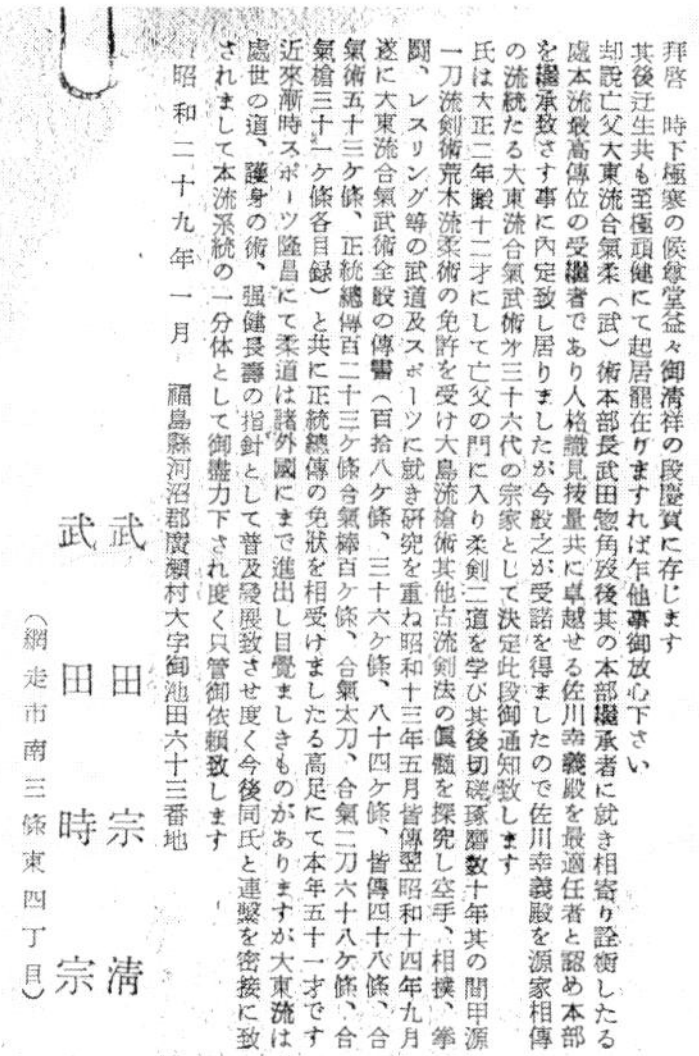

拝啓　時下極寒の候貴堂益々御清祥の段慶賀に存じます
其後迂生共も至極頑健にて起居罷在りますれば乍他事御放心下さい
却説亡父大東流合氣柔（武）術本部長武田惣角歿後其の本部繼承者に就き相寄り詮衡したる
處本流最高傳位の受繼者であり人格識見技量共に卓越せる佐川幸義殿を最適任者と認め本部
を繼承致さす事に内定致し居りましたが今般之が受諾を得ましたので佐川幸義殿を源家相傳
の流統たる大東流合氣武術オ三十六代の宗家として決定此段御通知致します
氏は大正二年齢十二才にして亡父の門に入り柔剣二道を学び其後切磋琢磨数十年其の間甲源
一刀流剣術荒木流柔術の免許を受け大島流槍術其他古流剣法の眞髄を探究し空手、相撲、拳
闘、レスリング等の武道及スポーツに就き研究を重ね昭和十三年五月皆傳翌昭和十四年九月
遂に大東流合氣武術全般の傳書（百拾八ケ條、三十六ケ條、八十四ケ條、皆傳四十八條、合
氣術五十三ケ條、正統總傳百二十三ケ條合氣棒百ケ條、合氣太刀、合氣二刀六十八ケ條、合
氣槍三十一ケ條各目録）と共に正統總傳の免狀を相受けましたる高足にて本年五十一才です
近來漸時スポーツ隆昌にて柔道は諸外國にまで進出し目覺ましきものがありますが大東流は
處世の道、護身の術、强健長壽の指針として普及發展致させ度く今後同氏と連繋を密接に致
されまして本流系統の一分体として御盡力下され度く只管御依頼致します

昭和二十九年一月　福島縣河沼郡廣瀨村大字御池田六十三番地

武田宗清

武田時宗（網走市南三條東四丁目）

武田惣角先生と二人で各地を回って指導した佐川幸義先生は、武田先生の長男・宗清氏と三男・時宗氏の推薦により武田先生の跡を継いで、第 36 代宗家に就任した。
左の葉書は、その通知状
(筑波大学・体育系・武道学研究室提供)

下は、この通知状を受け取った合気道の植芝盛平翁が、佐川先生の宗家継承を祝福して『佐川様は申し分なき適任者』と喜んでいることを伝える武田時宗氏の葉書

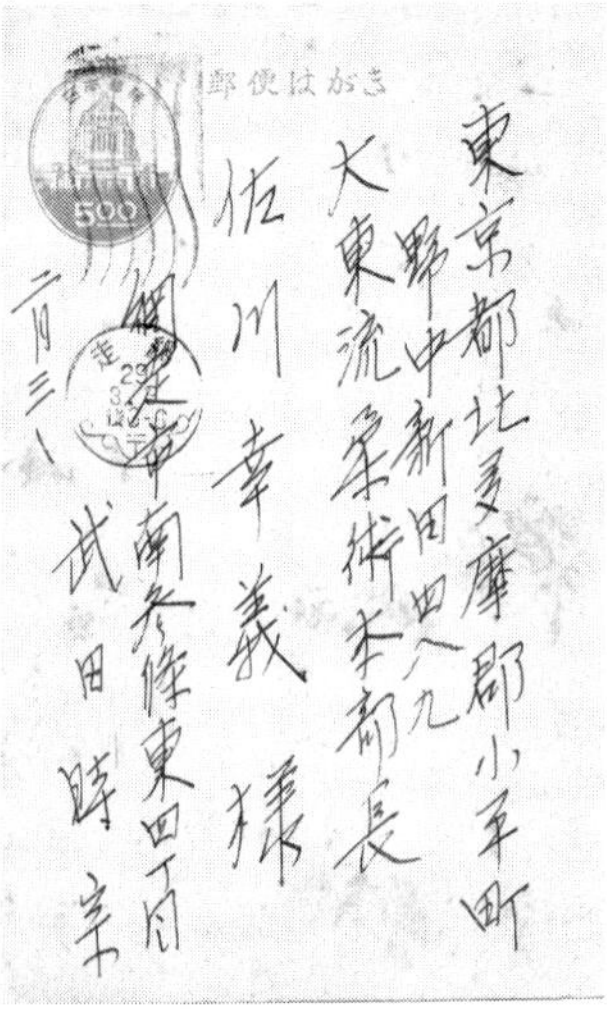

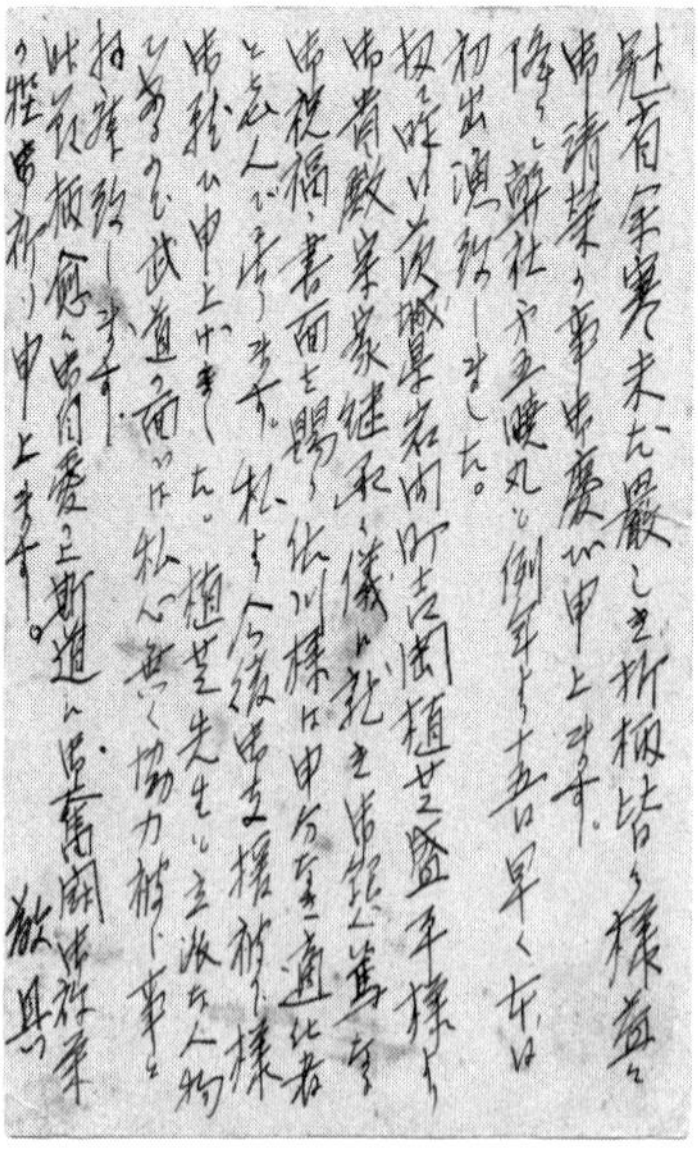

佐川先生の宗家返上・念書

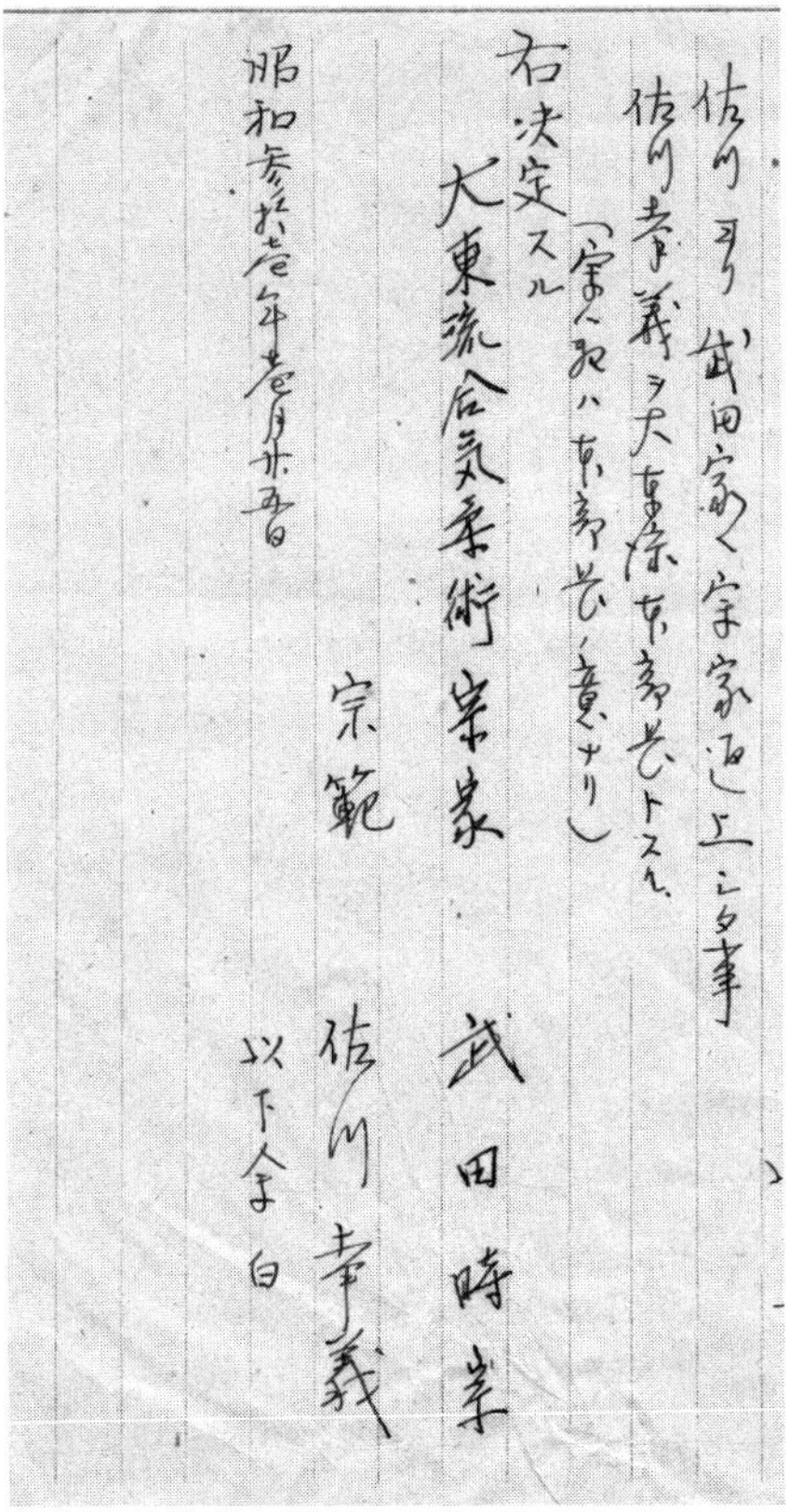

佐川ヨリ武田家ヘ宗家返上スル事
佐川幸義ヲ大東流本部長トスル
（宗ノ範ハ本部長ノ意ナリ）
右決定スル
大東流合気柔術宗家　武田時宗
宗範　佐川幸義
昭和参拾壱年壱月廿五日
以下余白

その後、武田時宗氏は、「宗家は武田家の家督なので……」と言って来た。
そこで佐川先生は昭和31年1月25日に「家督としての宗家を武田家へ返上し、武田惣角先生の合気を継ぐ者という意味で大東流本部長となり、宗範を名乗る」と決定し、武田時宗氏と念書を交わした。

佐川先生はこれ以降、大東流を世間に広めることは他に任せて、合気そのものの追求に専念し、前人未到の境地に到達した。

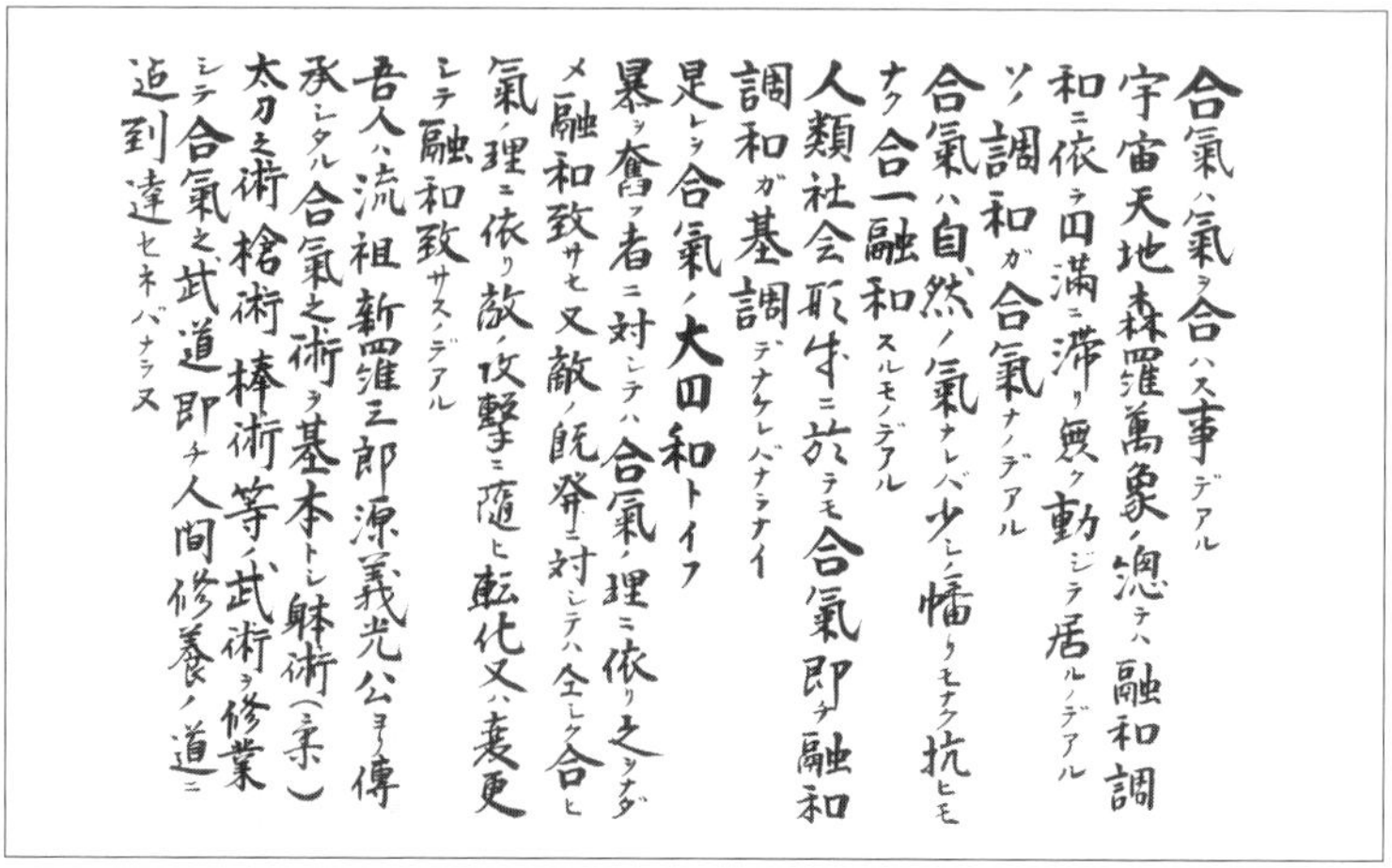
合氣ハ氣ヲ合ハス事デアル
宇宙天地森羅萬象ノ總テハ融和調
和ニ依テ円満ニ滞リ無ク動ジテ居ルノデアル
ソノ調和ガ合氣ナノデアル
合氣ハ自然ノ氣ナレバ少シノ蟠リモナク抗ヒモ
ナク合一融和スルモノデアル
人類社会形成ニ於テモ合氣即チ融和
調和ガ基調デナケレバナラナイ
是レヲ合氣ノ大円和トイフ
暴ヲ奮フ者ニ対シテハ合氣ノ理ニ依リ之ヲタ
メ融和致サセ又敵ノ既発ニ対シテハ仝シク合ヒ
氣ノ理ニ依リ敵ノ攻撃ニ随ヒ転化又ハ変更
シテ融和致サスノデアル
吾人ハ流祖新羅三郎源義光公ヨリ傳
承シタル合氣之術ヲ基本トシ躰術（柔）
太刀之術槍術棒術等ノ武術ヲ修業
シテ合氣之武道即チ人間修養ノ道ニ
迨到達セネバナラヌ

佐川道場に掲げられている道場訓「合気之武道即ち人間修養の道」
これは佐川先生の直筆である。

合氣は氣を合はす事である。
宇宙天地森羅万象のすべては融和調和により
て円満に滞りなく動《どう》じているのである。その
調和が合氣なのである。
合氣は自然の氣なれば少しの蟠《わだかま》りもなく抗《あらが》ひ
もなく合一融和するものである。
人類社会形成においても合氣即ち融和調和が
基調でなければならない。
これを合氣の大円和という。
暴を奮う者に対しては合氣の理に依りこれを
なだめ融和致させ、また敵の既発に対しては
同じく合ひ氣の理により敵の攻撃に随《したが》い転化
または変更して融和致さすのである。
吾人は流祖新羅三郎源義光公より傳承したる
合気之術を基本と躰術（柔）太刀之術槍術棒
術等の武術を修業して合気之武道即ち人間修
養の道に迨到達せねばならぬ。

第二章　数学の研究と合気修得に明け暮れた日々

本物志向を徹底的に仕込まれた幼年時代

私は武術でも数学でも良い師にめぐまれましたが、それは父親の影響があるのです。とにかく非常に心に残ったことがあります。

小学校一年の頃に木琴を習いたいと父親に言ったところ、当時まだテレビがない時代に、ラジオで大活躍していた朝吹英一という人のところにいきなり連れて行かれたのです。大人ばかりが列をつくって並んで待ち、一人三十分くらいのレッスンを受けているのですが、木琴を叩く二本の棒が見えないほど速いスピードで、汗びっしょりかきながら弾いている。木琴のイメージがぜんぜん違った。子供心にたまげてしまいました、けたが違う。でも、その時は、「あんたはまだ早い」と、習うのを断られてしまいました。

その後、ほかの木琴の先生のところに習いに行ったのですが、先生のレベルがぜんぜん違う。本物を先に見てしまったので、やる気がしなくなり、やめてしまいました。

その時に、「良い先生を何をおいても選ばないといけないのだ」ということを植え付けられた感じです。うちの父にはそういうところがありました。

これも私が幼稚園か小学校一年生くらいの時ですが、蝶々の図鑑を買ってくれと言いましたら、子供用の図鑑をイメージしていたところ、当時で一番値段の高い、保育社の『日本蝶類図鑑』という立派な本を買ってくれたのです。感動するわけです、本格的で子供用じゃないですから。

嬉しくて何回も繰り返しその本を見ていたので、小学校二年の頃には二百種類の蝶を覚えてしまい、蝶の写真を隠してもその頁にある蝶の名前を全部言えたほど、蝶きちがいのようになってしまいました。小学校の友達は私が昆虫の先生になると思っていたくらいです。

今から思うと、やはり小さい時から本物に会わせるということは大切なことです。わかってもわからなくても本物のもつ波動というのはぜんぜん違う、理解を超えて感動するわけです。

家族と　左端が私　武蔵小山の自宅にて　昭和35年

ほかに子供の頃の思い出といえば、父親が私をお風呂に入れながら、武術の達人の話をよくしてくれたことです。

「すごいんだぞぉ、達人は。敵が斬りかかってくるのをピシッピシッとやるんだ」

「かっこいいな！」

そんな武術の達人に会ってみたいと憧れをもちました。今考えると、武術に関しては、それが原点になっている気がします。

そのような感じで、なんでも一流のところへ行くのだという考えでしたから、小学校六年ぐらいになると、『原色図鑑　世界の蝶』（北隆館）の著者の一人で、国立科学博物館の故黒沢良彦先生のところに直接訪ねて行ったのです。それで、「君は裏から自由に出入りしていい」とお墨付きをもらって、しょっちゅう先生のところに行っては、奥にある蝶を見せてもらったり説明をしてもらったりしました。小学生を相手によくそんなことをやってくれたなぁと、今になって思いますが。

中学校に入る頃には、黒沢先生に蛾の研究を薦められたのです。蝶をやる奴は世界中どこにでもいるが、蛾は気持ち悪いからやる人があまりいないし、蛾は蝶の十倍以上いる、だから新種を発見出来るかもしれないと。それで、日本蛾類学会の前身で蛾類同士会というところへ連れて行かれて紹介してもらったのです。中学、高校の時は蛾の研究を本格的にやりました。

しかし、ある夜、剣道部の後輩とそのお母さんを連れて御岳へ蛾を採りに行って、蛾に注射をしようとした瞬間、そのお母さんに「あっ、かわいそう！」と言われ、注射が出来なくなってしまいました。その後は図鑑だけで研究をやっていたのですが、やはり本物を採らないと限度がありますから、蛾の研究は止まってしまいました。

心の奥深くで何かが揺れた

私の父は、東大の法学部を出て普通の会社員になったのです。本当は文学者になりたかったようです。ちなみに、祖父は医者で、銀座で耳鼻科を開業していました。

父と伯父が私立武蔵中学という、中学と高校一貫性の学校を出ていたので、私も同じ中学に進むことになったのですが、その進学も決してスムーズにいったわけではありませんでした。進学教室の試験を受けては落ち、親はため息ばかりついていました。それでもなんとか四、五回目で一番下のクラスに補欠で入ったわけです。そして運がいいと言うか、九、八倍の競争率だったのですが、武蔵中学に入ることが出来ました。伯父が剣道部出身で、強く入部を勧めたので剣道部に入りました。

中学三年生の時の同級生に佐原文東君（現清心館道場長）がいて、ある時、彼が教室で合気道の本部道場の会員証をみんなに見せて自慢していたのです。当時、道《どう》と言えば、剣道と柔道しかないと思っていた時代でしたから、合気道など誰も知らず、

中学3年　マラソン大会にて

「なんだ、それ」

「いや、すごいじいさんがいるんだ、達人なんだ」

〝達人〟と聞けば、私はピン！ときてしまいますから……。

その後彼に連れられて合気会本部道場に行ったわけです。昔の本部道場です。植芝盛平翁（合気道創始者　1883～1969）がいらして、なにか演武が行なわれたあとに、みんなで車座になってくつろぎながら喋っていました。

そのあと、その日に入門した人たち（三十

人くらい）が集まって倒れ方などを稽古しているうちに、後ろに倒す呼吸投げの技をやったのです。その瞬間、何かものすごく変なことが自分のなかで起こった。何かがあふれ出てくる。

「なんだこれ！」

自分でもビックリしました。心の、魂の深いところがガーッと揺れている、感動している感じなのです。

それまでは剣をやる者は体術をやらねばならぬという言葉を聞いていて、体術は何かやりたいが柔道はやる気がしないなと思っていたところに、まさかこの合気の稽古で、その瞬間に心の奥のほうで魂がすごく震えるなんてと、自分でもずーっと不思議でした。

だいぶたってからある宗教の本を読みましたら、この世に生まれる前に予定していたものに近づくと、魂が震えることがあると書いてありましたが、合気のために命をかけてこれほどやるようになるとは、当時は思ってもみないことでした。

それでさっそく佐原文東君と柔道部の宮澤芳宏君の三人で、武蔵高校に合気道部を作ったのです。最初は愛好会で部員は後輩の剣道部員と柔道部員だけでした。そこに合気道本部道場師範の山口清吾先生に来ていただいたのですが、それは最初だけで、その後は鎌倉の武田義信さん（現合気道研究会インターナショナル）が毎回朝六時から指導に来てくださいました。

武田さんにもびっくりしました。情熱的ですし、稽古が好きで好きでたまらないという感じなのです。それまで稽古というと、なんでも苦しいのを耐えてというイメージがあったのですが、あんなに稽古が好きな人を私は生まれて初めて見ました。稽古って好きになれるもんなんだなぁ、

山口清吾先生と　前列左が私　右端が佐原氏
武蔵高校合気道同好会の軽井沢合宿にて　昭和 43 年 8 月 10 日

と思いました。

しかも、武田さんは、道場でも朝一人で雑巾がけを始める。「じゃあ」ってみんなが真似をしだす。そういう感化力が武田さんにはありました。

限界は十五時間三六分四十秒！

高校一年の時に後輩の部員のお父さんに石橋秀雄という方がいて、この方は立教大学の教授で、剣道では高野佐三郎の養子である高野茂義先生の弟子でした。東洋史の研究では学士院賞を受賞された方でもありますが、この方が剣道部に教えに来られました。

この石橋先生が私に文武両道ということ、両方が大事ということを教えてくださったのです。先生は、口だけじゃなく身をもって示すことが大事だというお考えをおもちでした。「高校生の剣道は大家《たいか》の剣道になってはだめだ、思いっきり動け」と、ご自身で道場のなかを飛び跳ね、身をもって示してくださいました。誠を盡くす、「人生は盡誠」というのが、先生のモットーでした。すばらしい先生でした。

私は尊敬すると夢中になるほうですから、大学受験のせまってきた頃に、その尊敬している石橋先生に、「英語は単語をちゃんと覚えるのが大事だ」と言われ、「そうか！」と、それを徹底的にやりました。

高校三年生の夏休みに六百頁ぐらいの英語の単語本にあるAからZまでの単語を覚え始めたのです。一つの単語を三十回くらい声を出して書いては、毎日最初は四時間くらい、それから五時間、六時間とだんだん増やしていきました。声を出したり手も動かしながらやる。そういう肉体的なものをやると、私はとりつかれて夢中になってしまうわけです。

それで、どうせやるなら勉強する時間の限界というのを突き止めてみようと思ったわけです。毎日同じように続けるとすると、一日にやれる勉強時間には、はっきりした限界があるはずだと考え、一日十時間、十二時間とだんだん増やしていきました。十五時間くらいまでやってもまだ余力がある。ところが十六時間やると、どうも翌日疲れる。で、十五時間三十分にすると、まだ大丈夫。十五時間四十分だと、疲れる……。

不思議なことに限界が本当にわかるんです。それで十五時間三六分四十秒っていうところでずっと安定した。ですから自分の限界は十五時間三六分四十秒だと突き止めた。

それをやった時には、「試験に落ちるかもしれない」という、それまであった不安がいっさいな

石橋先生と　左から２番目が私　当時の先生のお住まいのある鳩ヶ谷の公団住宅前で　昭和41年4月3日

くなってしまいました。なぜかと言うと、もうこれ以上、一分一秒も出来ない、やりつくしたから、これでだめならしょうがないと、すっかり恐れが消えてしまうのです。非常に満たされている気分です。自分がこれ以上出来ないというところまでやることが、これほど幸せな感じをもたらすのかということに驚きました。

それで、三十日くらいかけてやっと一冊、「Z」まで終わりました。ところが前のほうを忘れている。これでやめたら意味がないと思い、また「A」から繰り返しました。そうしたら今度は十五日で済みました。三回やったら一応全部の単語を覚えることが出来ましたが、念のため十回繰り返しました。十回目は一時間くらいで出来ました。

この時不思議だったのは、「M」あたりにきた時、慣れてきて逆に単語がむこうから向かってくる感じになり、楽しくなってきたことです。努力している感じが消えて単語の暗記が趣味のようになり、すっかりおもしろくなってしまいました。

偉大な数学者で随筆家の岡潔という人が、「人間はある期間夢中でやれば、なにごとも好きになる」と言っていますが、その通りなのです。好き、嫌いということも、実は自分が頭でそう思っているだけで、本当のところは一概には言えないのではないかと思いました。

〝文〟を立てれば〝武〟が立たず

ところが、その夏休み明けには体力がなくなってしまったのです。運動に時間をとらなかったからです。これではいかんと、夏休みが終わると剣道をがんばりました。

勉強と両立しないからと、剣道部を辞めていく部員も多いなかで、文武両道を身をもって示そうと、周りの心配をよそに、合宿からなにから高校三年の十一月までの稽古に全部出ました。

とにかく、身をもって示すというのはいいのですが、これで大学に落ちたら最悪です。これは絶対に入らなきゃいけないという、この緊張感がよかった。稽古して帰ってきたら、ぱっと十分寝て、さっと起きてがっと集中する、そういうことを繰り返しました。そして合格。

そんな感じで東京大学に入り、合気道の山口清吾先生に正式に入門して、池ノ上という東大の駒場のとなり駅の近くで稽古していました。その頃は山口先生と一日中一緒にいることが多かったのですが、山口先生は私に、「どんなに強い力に対しても、力を使わずに出来る方法がきっとあ

合気道呼吸投げ　大学三年の時

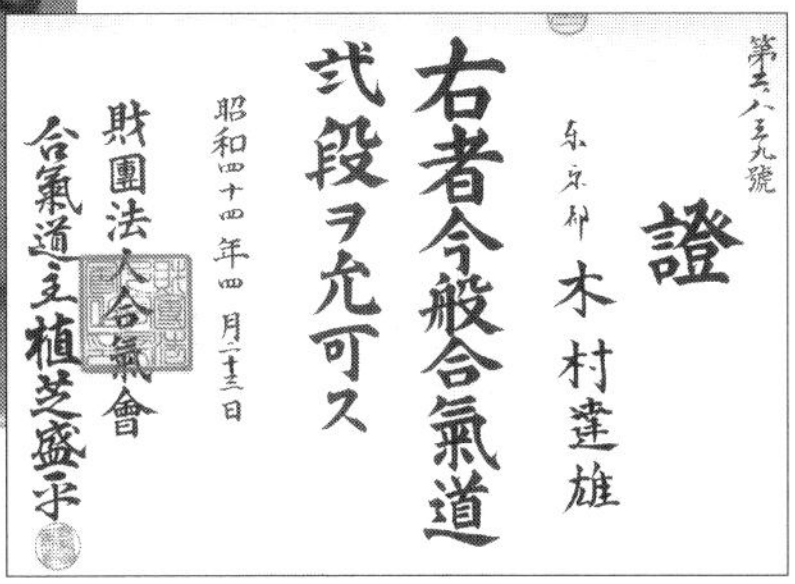

證

東京都　木村達雄

右者今般合氣道弐段ヲ允可ス

昭和四十四年四月二十三日

財團法人合氣會

合氣道道主植芝盛平

植芝盛平翁允可による合気道弐段の免状

るはずだ。なんとかそこをつかみたいんだが……」と、いつも夢を語ってくれました。そしていつしかそれは私の夢になりました。でも、まるでメーテルリンクの戯曲の青い鳥を追っているようで、とてもこの世に実現する感じはしませんでした。しかし、後に話しますが、山口先生が夢として語っていたことが、現実にこの世に存在していたのです。

大学三年の時に、いわゆる東大紛争があり、大学の講義がなくなりましたので、本格的に合気道をやろうと思いました。

実は十月に日比谷公会堂で植芝盛平翁の最後の演武を見たのですが、その前の年までの盛平翁とぜんぜん違うわけです。これはまずい、今やらなければだめだと思い、剣道もやめて合気道に集中することにしました。それから半年くらいは毎日朝六時からの植芝盛平翁の稽古に出て、そのほかの稽古に三回、全部で毎日四回、計八時間、稽古しました。そして山口清吾先生の推薦により四月二三日、植芝先生の亡くなる三日前に二段をいただきました。

しかし合気道をやり過ぎて、今度は数学がすっかり蒸発してしまいました。東大の成績も赤不可、青不可、黒不可がみごとに並んでしまいました。とくに複素関数論の追試は二回目までは何人か仲間がいたのですが、三回目からは私ひとりになってしまい、四回目も落ちてしまいました。これは参ったなと思っていたら、東大紛争の直後なので、一応全員卒業させるという大学の方針で、数学教室の事務の女性がその先生を説得してくれて、五回目の追試なしで単位をもらいました。

これでやっと複素関数論から解放されたとほっとしました。その後一九八六年にアメリカのジョンズ・ホプキンス大学に井草準一先生から客員助教授として招待された時、「義務はあるけどたいしたことはないから気にしないで来なさい」と言われ、のんきに現地に着いたのですが、そこで「大学院で複素関数論の上級コースの講義をやってもらいたい」と言われ、ドヒャーと真っ青になりました。「ここまで追ってくるのか。これは逃げられないな」と思い、徹底的に複素関数論を勉強しました。そしてやっと本当の意味で単位をとった気がしました。

話を戻しますが、そんな調子ですから大学院も落ちてしまいました。せっかく大学院浪人したのだからこのチャンスにと、最初の半年間は毎日アテネフランセでフランス語を習いました。そして二回目の大学院受験をむかえました。この二回目の受験を終えたあと失敗したと思い込みがっくりして浅草を歩いていると、いきなり「そこの人生の敗北者みたいに歩いている人、ちょっとこっちへ来なさい」という声が聞こえました。見ると、「ＮＨＫにも出演した占い師」と書いた看板が

あり、そこに人が立っていました。
その人は、「ただで見てあげるから」と言い、私の手相を見たり骨相を見たりして、「大丈夫。あなたは合格している」と断言しました。三日後には合否がわかるのに、そんなことを言って大丈夫なのかなと内心思いました。さらにその人は私の手相を見て「今の時代にもこんな人がいたのか。昔はいたのだが……」と涙を流すのでびっくりしました。三日後、本当に合格していたので、もう一度会いに行きました。そうすると、「あなたは本当に望むことは必ず叶えられる」と言って励ましてくれました。
そのようにして入った大学院ですが、大学院は試験がなくて全部レポートなのです。「稽古が出来るぞ」……というわけで、またもや大学院一年生で数学が蒸発してしまいました。

稲葉稔氏との真剣稽古

大学院一年の頃ですが、合気道の先輩に稲葉稔（現明治神宮至誠館名誉師範）という方がいて、この方に鹿島神流を教わりました。私が二三歳で稲葉さんが二六歳の時です。

一対一で週三回稽古を受けることになりました。朝八時から三十分間、当時稲葉さんが勤めていた神社新報の道場で稽古をしました。

これはすごかった。国井善弥（道之　鹿島神流十八世 1894～1966）先生が亡くなられたちょっとあとでした。稲葉さんはすごく激しい人です。稽古でも真剣を使ってやる時もありました。敵が真剣で斬ってくる時ギリギリまで待って瞬間にかわすという練習。真剣の刃がヒュッと耳元に来る。

でも、それが実はとても役に立ちました。集中力と持続力の稽古になるのです。ものすごく集中して、しかも持続しないとやられてしまう。稲葉さんは、「だめだ！」とむちゃくちゃ怒鳴る。何回やってもだめだと言われるので腹が立ち、稲葉さんを本当に斬り殺そうと思ってかかって行ったら「それだ！」と言われ、えっと思ったこともあります。

今思うとなつかしいですが、明治神宮で冬の朝、「禊《みそぎ》をする」と言って冷たい水をかぶせられて「身体を拭かずに気合で乾かせ」と、稽古着のズボンだけで上半身裸で外に出て、木剣を振って乾かしたこともありました。

またある時は、明治神宮で空手の稽古をやっている五十人くらいの集団のなかへ、「まわりを気にしない稽古だ」と言って、二人で「エイッエイッ」と木剣で袈裟斬りをしながら入っていったりしました。今思うと空手の人たちはびっくりしたことでしょう。

東京大学の（剣道場などがある）七徳堂の手すりの上で二人で袈裟斬りをやったこともあります。一方は一メートルくらいですが、反対側は十メートルくらいありました。落ちたら死ぬなと思ったら、身体がどうしても一メートル側のほうへ傾いてしまいました。すると稲葉さんが「まだ死ぬ覚悟が出来ていないのか！」と怒鳴るので、内心「そんな無茶な。婚約したばかりだし……」と思ったりしました。

稲葉稔師範と勝浦にて
名古屋大学合気道部第一回の合宿
昭和54年3月

昭和47年4月の鹿島神流の演武写真

でもこの頃の稽古の経験がのちに役に立ちました。大学院の頃、稽古帰りの夜十一時頃に西武線の池袋駅で、大きい人と小さい人が喧嘩をやっていました。まわりに集まった人たちが「やめろやめろ」と遠巻きに言っていたのですが、そのうち大きい人が小さい人に馬乗りになって上から殴り始めた。私はそばに行って殴ろうとしている手をぱっと引きました。生まれて初めての本当の喧嘩ですから、つい緊張してぐっと力を入れたのですが、太い腕で返されてしまいました。「あっそうだ」と思い、今度は風呂敷で包むように柔らかくつかんだところ、不思議なことに相手は抵抗しなくなり、巡査が来るまで押さえていました。これが私の初めての実戦経験です。

この時のことも、鹿島神流で稲葉さんに「戦う時はまずそこで死ぬ覚悟をするんだ」「そのかわり相手も必ず道連れにするつもりでやれ」と言われていたからこそ出来たことです。合気道だけでしたらとても勇気が出なかったと思います。あれはやはり剣の鋭さがあったからこそと思います。

植芝盛平翁の合気道

私は植芝盛平翁には一度驚いたことがあります。新しい本部道場が出来た頃のことですが、盛平翁を前にして、百人くらいの弟子たちが道場に座って並んでいました。私も白帯でそのなかにまじっていました。その時盛平翁が右手を伸ばして、「合気をやる者は遠くアメリカの心までわからねばならぬ」と窓の外のほうを見て言ったのです。

植芝盛平翁

それならば私の気持ちもわかるかなと、「僕を投げて」と思ったわけです、もちろん心のなかで思っただけです。ところが、その途端に向こうを見ていた盛平翁がグーっとこっちを振り返るのです。まさかと思ったら、私のほうへ向かって一直線に歩き始めた。盛平翁は一五〇センチメートルくらいで小さいのですが、その時はとても大きく感じました。盛平翁の背後にとてつもなく大きな壁があって、それが盛平翁と共にドドドドドと迫ってくるように感じました。それまで一度も盛平翁の受身を直接取ったことがなかった私は、すっかり緊張してしまいました。「わー、どうしよう」と思っているうちに、本当にすぐそばに来てしまったのです。盛平翁が「イエーイ！」と言って入身投げのような感じで右手を上げたので、私はコテンと後ろへ倒れました。すると盛平翁が「それでいいんじゃ」と振り返って言われたので、私は両手をついて「ハハー」と頭を下げました。

あれには驚きました、その瞬間に心がわかるんだなと思いました。とにかく気迫があって、気合がすごかったです。

盛平翁は山口先生の本部道場の稽古によくいらしたのですが、ある時、山口先生の右手を盛平翁が左手で持って小手返しの説明を始めた。そして右手を山口先生の右手にちょっと当てたので、山口先生が一瞬迷ってどうしようかな、えい飛んでしまえと、自分から飛んだのです。するとニコニコしていた翁が、とたんに、「こう来たら、こう倒れるというような稽古をしてはいけない！」と、我々のほうを向いて怒ったのです。金属的なすごく通る声でした。目がカーッと光って、青天からいきなり雷が落ちてきた感じでした。本当にびっくりしました。そういう意味で、盛平翁は普通ではなかったと思います。気迫、気合は本当にすごかった。ああいう感じの人は、今まで見たことはありません。

盛平翁は、技をやっている時も雰囲気がほかの先生方とはぜんぜん違いました。ビデオでは盛平翁のそういう気というのが感じられなくて、情報が半分以上消えてしまっています。映像というのはその場の雰囲気、空気は伝えられないのでしょうか。現実にはなんとも言えない、張り詰めた雰囲気がありました。

佐藤幹夫教授の講義で〝数学開眼〟

私は東大の数学の修士課程に入ったのですが、当時は修士が終わって博士に進むためには試験があり、しかもその年に修士を卒業した人でないとだめという条件がありました。つまり浪人が許されない。

ところが私はその一年は、朝から晩まで武術のことを考えて気が狂ったような状態でした。大学院の修士の時に婚約したのですが、京都でデートしていても川べりに座ると、「どうするんだよ、敵が来たら」と、背後から敵が来ないところに座らなくてはというくらいの凝りようでした。また友達と居酒屋へ行ってもすぐに、もしここにいる全員がかかってきたら、まずこの男を倒して次にどうのこうのと頭が勝手に考えてしまう状態でした。

実は私は、大学四年の時は伊原康隆先生（現・東京大学名誉教授、京都大学名誉教授）という、非アーベル類体論の伊原理論や伊原ゼータ関数などで世界的に知られ、学士院賞も受賞された方が指導教官でした。その頃、私は伊原先生に谷山豊先生のある文章を教えていただきましたが、その一部を引用しますと（谷山豊全集　二二五頁、日本評論社）、

「数学に限らず、すべて学問、技術あるいは芸術的技能等の修得にあっては、質的に異なる幾つかの段階があり、その一つの段階に到達した人は、それから先ある程度までは割合に骨を折らずに発展していけるのに対し、その段階に到達しなかった人は、一寸怠けると元の木阿弥になってしまい、それまでの努力が水泡に帰するものなのである。この性質は、この段階に固有のものであって、どのような手段乃至事情によってその段階に達したかは余り関係がない。才能により、努力により、良い環境により、あるいは幸福な偶然により等、様々な原因によるとしても、とにかくある一定のレベルに達した人は、そのレベルを維持し、高めることが容易になし得るのである。」

この考え方は大変役に立ちましたので後に自分の学生達にも教えました。その後伊原先生ご自身が『志学　数学』（二〇〇五年　シュプリンガーフェアラーク東京）という、学問を志す心を伝える本を書かれました。例えば「質的に異なる諸段階があること、先に進むには「脱皮」が必要なこと、そして「脱皮」は余程の天才でない限り、環境を変えるか自らが強くその必要性を意識して自己改革しないとなかなか難しいこと」とか「深いわかり方を実感として知るには、『わからない』から入ってそれと立ち向かい自力で『わかった』と抜けるしかありません」という大事なことが書かれています。また佐藤幹夫先生の言葉も引用されていますが、実は私は大学３年の時に、東大に集中講義にいらした京都大学の佐藤先生の講義を一番前で聞いていました。先生の

右から佐藤幹夫先生、
吉田耕作先生、私
京都下鴨神社にて
昭和47年5月15日

講義はまったく違ったのです。もう生き生きとしている。ぜんぜんわからないのですが、なぜかむちゃくちゃ感動した。数学ってぜんぜんわからなくても感動するものだと思いました。

佐藤先生の理論は、ほとんどご自分で作った理論なのです。その自分が生み出した理論、世界を生き生きと話されている。そこに感動し、いつかは自分もと憧れをもちました。ただ困ったのは、一番前に座っていたものですから、「わかりますか」と先生に聞かれるわけです。

「いいえ」と言いますと、先生はまた最初から丁寧に説明される。しかし二度、三度となるとさすがに「いいえ」とは言えず、「はい」と答えておりました。

その後大学四年の頃、佐藤先生がまた集中講義にいらした時に、既約概均質《きやくがいきんしつ》べクトル空間の分類の話をされて、そこで未解決の問題がいくつかあることを話されたのです。生まれて初めて未解決の問題という話を聞いたものですから、「じゃあ僕はそれをやろう！」と。

大学院に入ってからは新谷卓郎《しんたにたくろう》先生という方についてやっていたのですが、修士一年の終わりのほうで、その新谷先生がプリンストンに行ってしまわれた。それで、普通ではとても口もきけない新谷先生の先生にあたる佐藤先生に、「既約概均質ベクトル空間の分類の未解決問題をやりたい」と手紙を書いたのです。本当のところ、その頃私は武術ばかりやっていてぜんぜんわかっていなかったのですが。

すると先生から「来なさい」というお返事がきました。

先生にお会いすると、「今、何をやっていますか？」と聞かれました。私は正直に、「分類をやりたいのですが……実は鹿島神流をやっていまして……でもがんばります！」と答えました。

すると、何かカチャカチャ音がする。何の音だろうと思いましたら、先生がコーヒーを入れてくださっていたのですが、手が震えてスプーンがカップに当たっているのです。顔が青ざめている。

それから大爆発して、「何やってるんだ君は！」と、もうむちゃくちゃ怒られた。

佐藤先生は武術家みたいな方でした。だから逆に私には適《あ》ったんだと思います。新谷先生が私に怒る時は、ただため息を「はぁ〜」とついて、なにか、ぽいっと捨てられる感じだったのですが、佐藤先生のようにバーっと怒られると、私はピシッとしてしまう。

「君みたいに箸にも棒にもかからないやつは、これからどんなにがんばったって新しい結果を出すのに、最低一年半はかかる」

一年半かかったら間に合わないのです。一年後には修士論文を出さなくてはいけませんでしたから。とにかく先生はすごく怒っていましたが、それでも三十分だけ未解決問題について説明してくださいました。

その時に勉強と研究というのは、これほど違うものかということを知ったのです。もうぜんぜん波動というか雰囲気が違う。今まで勉強してきた数学とはまるで別世界だった。何かわからないけど、わくわくしてきました。

寝ても覚めても数学の日々

佐藤先生は、「本当はすぐに追い返したいけど、せっかく来たのだから一週間だけ研究室を貸してあげる。一週間したら勝手に帰りなさい」と言われました。そして、「まず新谷君の結果をフォローしなさい」と。

新谷先生は私に一対一で、先生ご自身の関連する研究成果を色々説明してくださり、そのノートは取っていたのですが、その時は理解出来ず、ただ写していただけで、そのノートには記号や定理の説明も何も書いてなくて、なんのことやらさっぱりわからなかった。その時に佐藤先生が、「数学というのは考え続けて考え続けてやっても、それでも出来るかどうかわからない。自分の命を削ってやるものだ」「朝起きて今日一日、さあ数学をやるぞなんて思っているようじゃとてもものにならない」と言われたのです。

つまり、「数学をやりながらいつの間にか眠り、朝起きた時に自然に数学の世界にひたっている。どのくらいひたれるかが勝負の分かれ目だ」と。

本当にその時は追い詰められました。一週間で帰らなきゃならない。もうつぶれそうなわけです。たまたま京都の黒谷《くろだに》に木村家のお墓があったので、「会ったことのないおばあちゃん。生きていた時は数学は出来なかったかもしれないけど、あの世にいるんだから今は出来るでしょう？ だから助けてください」などと、よく考えると訳のわからないお祈りをして、なんとかつぶれそうな気持ちを支えました。

とにかく、ここで逃げて帰ればもう二度と来られない。そこで佐藤先生の言ったことを本気で実行しました、つまり、寝ても覚めても数学、というやつです。

そうしたらとても不思議な現象が起こり、自分のエネルギーレベルが上がったのです。火事場の馬鹿力状態になるというか、普通の状態じゃない。かあっと体のなかのエネルギーが上がってくる感じで、ぜんぜんわけがわからなかったノートが、なぜかじーっと見ているうちに、こういう意味じゃないかとか、いろんなインスピレーションが出てき始めたのです。

三日目ぐらいから、自分の奥の深いところの大きい潜在意識の歯車みたいなものが回り始めた感じになった。四日目ぐらいになると止めようと思っても今度は止まらない。どんなに休んでいても頭で考えている、奥のほうが動いてしまっている。

宿舎でも〝今日はお風呂はありません〟と書いてあるのに、「あっ風呂はないのか」と言いながら裸になって入り、お湯がなくて初めて我に返るというくらいやりました。

それで、とうとうノートを解読して、それをもとにして考えて、未解決問題のひとつに新しい結果を出したのです。先生が一年半かかると言っていたところを、一週間で解決しました。

ところが先生は信用してくれません。「どうしても出来たと言い張るのなら、こういうことが成り立つはずだから確かめてみなさい」と言われて、それでまた三日かけて確かめて、「やはり成り立ちました」と持って行きました。そうしたら先生の態度がガラッと変わり、一対一で毎日六時間から八時間の指導が始まりました。

怒鳴られるたびにエネルギーが作動した

その佐藤先生の指導で、どうしょうもなかった私のレベルが一気に引き上がりました。しかしなにしろ先生は怖かった。「わかりますね！」と言われて、あまりの緊張感からつい「はいっ」と言うと、「やってみなさい！」。「実はあとでわかればいいと思って」とあわてて言い訳をすると、「何やってんだ君は!!」と。もう命がけという感じでした。

先生と一緒に食事に行った時に、つい何かを質問をしたら、「なに馬鹿なこと言ってんだ君は！」と怒鳴られて、ウッと胃が締まり、食事がのどを通らなくなってしまったこともあります。

それでもスピン型と例外型のふたつの未解決のもののうち、京都にいる間にスピン型を全部解決したのです。そして先生が、「また三ヶ月後に来なさい」と帰り際に言ってくださいました。あと例外型が解決すれば分類が完成する、十年来の問題が解決するということでした。

東京に戻り、よーし、今度先生に会うまでに解決しようと張り切って、朝から晩まで東大の図書館にひたって猛勉強しました。ところがです、いくら勉強しても、ようするに知識がないから、これをやるには前の別の本を読まないとわからないという感じで、五冊ぐらい戻ってしまうわけです。朝からやってもちっとも進まない。一生懸命やったのに結局何も解けないで、三ヶ月後に佐藤先生のところにまた行ったのです。

先生はニコニコ顔で「どうでしたか?」。「ひとつも解けませんでした」と報告すると、また大爆発です。「何やってた!」と。

そうしたらその怒鳴られた瞬間にシャキッとして、またエネルギーがポーンと跳ね上がった。そして研究室に戻ったら二時間後に未解決問題がひとつ解決出来てしまった。

数学は一体なんなんだろうと思いました。あんなに三ヶ月、何時間もがんばって何も解けなかったのに、先生に怒鳴られた瞬間に、二時間で出来た。そしてとうとう全部解けて完成したのです。そのおかげで修士卒業と同時に名古屋大学の助手になれたわけです。

しかし、それは佐藤先生に出会わなければ無理なことでした。佐藤先生のところから帰ってきた時に、東大の岩堀長慶教授が私に言いました、

「佐藤君のところに行って、よくつぶれなかったね。つぶれてしまった学生もたくさんいるんだよ」

これを聞いて、武術をやっていたからこそ、耐えられたのだなと思いました。

だいぶたってから、当時京都大学の助手をしていた柏原正樹《かしわらまさき》さん(平成三十年にチャーン賞と賞金一億円の京都賞を受賞)から、「木村君が来た時、佐藤さんが、『参ったよ。東大から箸にも棒

にもかからないとんでもない院生がやってきた』と言っていたよ」と聞かされてヒヤッとしました。

そのようにして佐藤幹夫先生のもとで「既約概均質ベクトル空間の分類」を完成させたあと、再び伊原先生にお会いした時、「先生、才能がなくても数学の研究が出来ましたよ」と言うと、「いや、才能がなければ絶対出来ない。君は、相撲で言えば異能力士のようなものだ」と言われました。伊原先生の数学に憧れながらも、その方面の研究が出来なかった私は少しほっとしました。

数学は体力だ

そのような感じで名古屋大学の助手になり、それからプリンストン高等学術研究所に一年間、数学の研究員として行ったのです。この研究所に、超一流の数学者で、ヴェイユ予想の解決で有名なドリーニュという人もフランスから来ていたのですが、力みがない自然な方なのです。やることすべてに心がこもっていて、会うといつもそのあと二、三日は心がきれいになった気がしました。その先生が、プリンストンのあとドイツへ行く私をフランスのＩＨＥＳ（高等研究所）に呼んでくださった。

このドリーニュとセール（二六歳の時小平邦彦教授と共にフィールズ賞を受賞）が書いた、重さ一のモジュラー形式に関する論文があるのですが、東大の研究会の時にはむずかしくて私にはよくわかりませんでした。ところがＩＨＥＳに二週間滞在している時に、そのドリーニュが毎日二時間ぐらい一対一でその論文の詳しい解説を私にしてくれました。なぜそこまでやってく

ピエール・ドリーニュと私　プリンストンの私の家で

れたかと言うと、実は家内がドリーニュに日本のお茶の作法を毎日教えて、毎回そのあとドリーニュがお礼にということで、私に数学を教えてくれたのです。こういうのを内助の功と言うのでしょうね。

ドリーニュが説明すると、突然絵が浮かび上がるようにわかるわけです、直感的に。いろんなことがはっきり見えて、なるほどと感動までする。本当に出来る人は、舞い降りてきてその人のレベルに合わせて説明する。決してむずかしそうにしゃべらず、しかも本質をとらえている、と思いました。

後にドリーニュが小学校五年生の女の子に代数幾何学の最新の定理の話をして感動させたという話を、ドリーニュと仲の良いアメリカの加藤五郎教授から聞きました。とても普通ではあり得ない話ですが、ドリーニュなら可能かもしれないと思いました。

左から　久賀道郎夫妻、ヴェイユ夫妻、妻　プリンストンの家で　1977年（昭和52年）

ところで、一流の人は皆体力があります。日本では数学者は青瓢箪というイメージがありますが、とんでもない。世界的に見て、いい仕事をする人は体力がある。一般的に日本人はアイディアは良くても体力がないことが多い。だから理論を徹底して大きく展開することが出来ず、外国人にやられてしまうということがあるのです。

久賀道郎先生というニューヨーク州立大学の先生から聞いたのですが、思想家シモーヌ・ヴェイユのお兄さんで、アンドレ・ヴェイユという日本の数学に非常に影響を与えている大数学者が、一九五五年に日光の国際シンポジウムに来て、中禅寺湖にみんなで遊びに行ったそうです。その時に、五十歳のヴェイユと三十歳ぐらいのセールが、二人していきなり十一月の中禅寺湖に素っ裸になって飛び込んだ。それを見た日本の数学者たちも、続けとばかりに飛び込んだそうですが、寒くてすぐに出てしまったと。
あがってきた二人は、今度は中禅寺湖の周りを走り出した。いくらなんでも走るのなら大丈夫だろうと久賀先生たちも一緒に走ったそうですが、日本人たちはゼイゼイ言ってしまったそうです。久賀先生たちがのびているところにヴェイユが来てニヤっと笑い、一言、「数学は体力だよ」と言ったそうです。

数学も数学的自然現象の探求なのです。ですから本質的には徹底性が大事です。徹底的に考えなくてはならないので体力が必要なわけです。もちろん頭も必要ですが、気力がなくなってくると出来なくなる。ですからよく数学は三十歳までだと言う人がいますが、まったく運動をやらないで数学ばかりしていたら、三十歳くらいで、もうエネルギーがなくなってしまうかもしれない。数学はエネルギーがなくなったら出来ないのです、数学とは、本当にやる時は命をかけてやるぐらいの激しいものですから。

数学は〝数覚〟がないとダメ

数学というのは、どちらかと言うと、計算などというよりも、概念を理解するのが非常に大変なのです。天才的な人はそこをぱーっと理解していきますが、数学は、定義は説明することが出来ますが、ピンとこないといけない。そのピンとくるというのが、一種の悟りのようなものです。ですから日本で初めてフィールズ賞をもらった小平邦彦先生が、〝数覚〟という言葉を使っています。五感のひとつみたいなもので、数学の感覚、つまりピンとくるかどうかということであり、そうでないとだめなわけです。論理じゃない。

文明生活は実際には数学なしでは存在し得ないのです。むしろ逆に数学のような純粋思考の結果が、何年もたって予期せぬ形で自然の解明や具体的技術に応用されることがよくあるのです。こうした未知の可能性に備えることも極めて重要なことで、畏友佐藤文広氏によれば、あえて現実性への要求から自由になることによって想像力を解放し、数学的法則のあらゆる可能性を見落

ピアノ発表会で父娘の連弾　昭和63年

学生時代、お茶の水でのクラシックギター発表会で
ソルのソナタを弾く私

とさないようにする。そこにほかの科学分野にはない数学の独自の役割があるのです。

数学は、本当に出来る人は次元が違います。生まれた時から知っているのではないかという感じで、概念を自由に使いこなす。

私は思うのですが、武術をずっとやって集中力と持続力を強くしていたから、佐藤先生に会った時に切り替えることが出来たのだと思います。武術のエネルギーをそのまま数学へぐぅーっともってくることが出来た。私の場合は稲葉さんの鹿島神流が役に立ったような気がします。あの時の命をかけてやった集中力と持続という点が、数学にはとても役に立ちました。

それと、何かやらなきゃいけない時に、遊んでいると出来ないと思い、まず最初に遊びをやめようとする人がいます。ところがそうすると、遊びでもなんでも出ているエネルギーを切ってしまう。時間が出来たからといって、いきなりやるべき事が出来るわけではないのです、時間だけあまってもエネルギーがないとだめなわけです。そこは気をつけなければならないと思います。変わるのだったらそのエネルギーを保ちながら転換しなければいけないということです。

外国で、合気道が効かなかった！

実は盛平先生が亡くなられた時、盛平先生の合気道と弟子たちの合気道があまりにも違ったので、「合気道は終わった、この世から消えた」と感じてしまい、いっとき合気道から離れていました。

しかし数学ばかりをやって名古屋大学の助手になった時、あまりに体力が落ちたので、合気道の稽古を再開しました。当時名古屋にいた佐原文東君に手伝ってもらって名古屋大学合気道部を作って教え始めたのです。

一九七五年九月から一九七七年八月にかけて、アメリカのプリンストン高等学術研究所（アインシュタインのいたところ）にいた頃、盛平先生の内弟子をしていたことのあるテリー・ドブソンの道場（ニューヨークのボンド・ストリート道場）で毎週一回教え始めたのが外国で教えた最初です。これはアメリカで合気道を教えている五月女貢《さおとめみつぎ》さんに勧められました。

一九七七年にプリンストンの二年の滞在を終えて日本に帰る時に、ドイツのポップ教授からマンハイム大学に三ヶ月間招待されました。その時に、ドイツ柔道連盟合気道セクションの責任者に頼まれ毎週末、ドイツ各地で合気道を教えてまわりました。そしてある時、ドイツ全体から一〇九名の合気道家を集めて、リューベックの港にある道場で一泊二日の合宿稽古を指導することになりました。

港に停泊している大きな船に全員が泊まり、道場はすぐそばにありました。長い大きい道場で、ずっと歩いていくと端のほうで合気道二段のドイツ人が、「日本人の合気道は効かないから俺が教えてやる」と言って勝手なことをやっていました。精神が高揚していた私は、「コラー！　何をやってる。かかって来い！」と英語で言うと、その男は突進してきました。私は体をさばきながら植芝盛平翁のイメージで「イエーィ！」と右手で彼を投げると、なんと彼は吹っ飛んで気絶してしまいました。私も片手でこんなことが出来るとはと驚きました。

が、その後何回やってもうまくいきませんでした。異常に高揚した精神のせいだったのでしょう。

フランスのグルノーブルに滞在中、週２回合気道を教えていました。当時グルノーブルには合気道の道場が11もありましたが、みんな私の稽古に参加して仲良くなっていきました。

Aikido-Bundeslehrgang in Travemünde

リューベックでの合宿の様子が掲載されたドイツの雑誌『JUDO』（1977年12月号）
稽古のあと、この船でパーティがあり、全員が一泊し私は船長室に泊まりました。

この時、技術的な裏付けがないと再現性をもたせることは出来ないのだと気づいたのです。ちなみに気絶した彼は気がついてから、私のところに謝りに来て、すっかり謙虚な態度に変わっていました。ドイツ滞在中にフランスのヴェルサイユから合気道の指導を頼まれました。その時ドイツの弟子達も大型バス二台をチャーターしてヴェルサイユまで来て、私の稽古に参加しました。稽古のあとヴェルサイユ市長による歓迎パーティーがあり「フランス人とドイツ人が仲良く稽古をしたのは初めてのことで、大変めでたいことだ」と言って記念品をプレゼントしてくれました。

またこれはフランスにいた時のことですが、田村信喜氏が主宰する合気道指導者のための講習会に出席したことがありました。みんな指導者ですからプライドがある。ですからみんながんばり合っているわけです。その時に、ある人と四方投げをやろうとしたら、「どうぞ倒れてくださいとお願いするなら倒れてやってもいいが、頼むか?」と耳元で囁かれたわけです。「コノヤロー」と思い、「そんな必要はない!」とは言ったものの、そいつを倒すことは出来ませんでした。もちろん相手の四方投げも私に効かなかったのですが、その時からどうも合気道に疑問をもち始めるようになりました。日本人が自分以外に誰もいないところでがんばられると、日本を代表しているる気分になり、日本で効かない悔しさどころではないのです。日本全体が否定されているという気がしてしまうのです。

私は日本の武術は年をとればとるほどすごくなっていき、若い者など寄せ付けなくなるはずだという父親の話を信じていました。だが現実にはまわりにそういう人はいない。しかしどこかに必ずいるはずだと、帰国してから本格的に達人を探そうと思ったのです。

佐川先生との出会い

そして色々な道場を訪ねましたが、どの先生の技を受けてみても、とてもこれでは大きな外人に本気でがんばられたら通用するはずがない、というものばかりでした。普通に理解出来る通常のものだけでは、鍛えぬいた体格の大きな者が本気でがんばるのを倒すことなど出来るはずはないのです。なにか不思議なところがなければ絶対に無理だと実感していました。

武田惣角先生（大東流合気柔術師範　1860～1943）は小さい身体で一人で全国をまわって教えているのだから、間違いなくなにか普通でないものを持っていたはずです。実際、植芝盛平翁と武田惣角先生の両方に習った久琢磨氏も、「植芝先生はいつも自分の連れてきた三、四名の弟子を相手に術技を示した。ところがその植芝盛平先生の合気柔術の師である武田惣角先生は、弟子を一人も連れずにやって来て、その場にどんな猛者が出てこようとも、まるで赤ん坊のように投げ飛ばし押さえ込んでしまう」と言っているのです。

私は「武田先生こそ本物だ。しかしもういない。私はこの世に生まれる時を間違った」と本気で思うようになりました。

ですから武田惣角先生の直弟子である佐川幸義先生のところに会いに行った時も、はじめは疑っていました。当時佐川先生は七六歳、いくらなんでもだめだろうと思いましたが、「名を求めず一生修行をする」という先生の言葉にひかれて、先生に電話して会いに行きました。

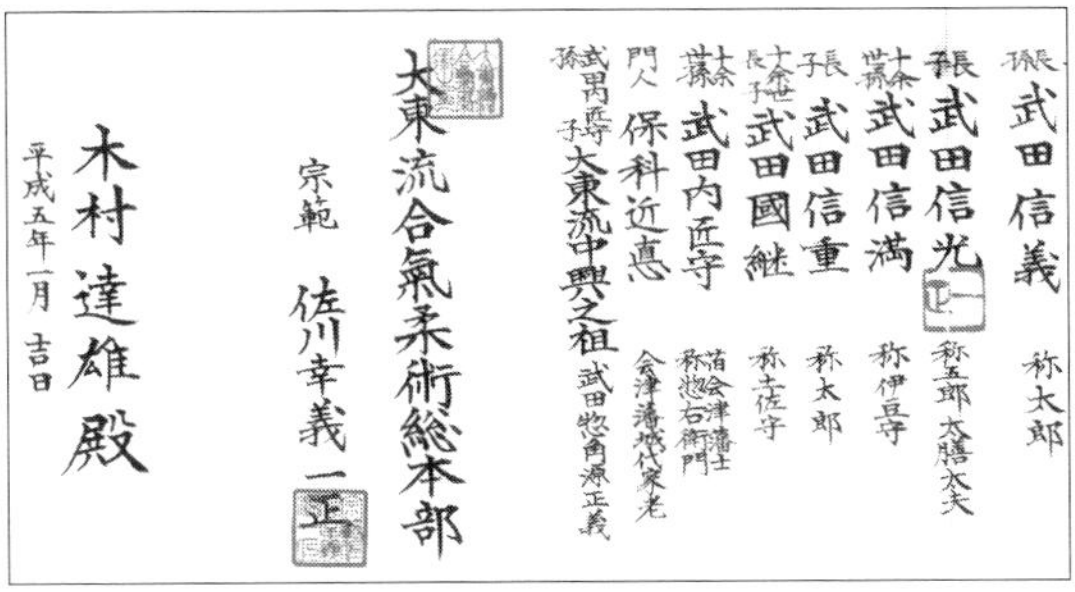

佐川先生から頂いた大東流秘傳目録の最後の部分

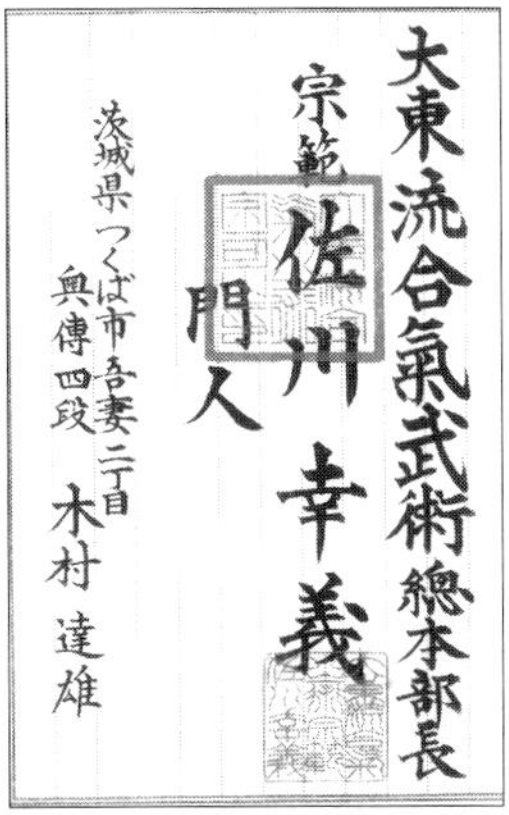

佐川先生に印鑑を押していただいた英名録

二時間ぐらい応接間で喋ったあと、先生は椅子に座ったまま、「上から手を押さえてみなさい」と言われました。私は、先生は七六歳だから本気で押さえたら動けるわけがないだろう、失礼がないようにしなければと思いながら、軽く押さえたら、「それしか力がないのか、情けない奴め」といきなり言われてびっくりしました。

それじゃあ失礼しますと立ったまま上から思いっきり両手で押さえたら、その瞬間に先生は両手を上げ椅子から立ち上がって、そのままガラス戸まで一気に攻めてきました。その時、まったくスキがなく逃げることもどうすることも出来ず、あっというまにガラス戸まで追い詰められてしまいました。それは一瞬の出来事でした。そしてはっきり感じたのです、あと一ミリ先生が手を動かしたら私は宙に吹っ飛ぶというのを。完全に私の身体は重心を失いコントロールされた状態になっていたのです。

その時不思議だったのは、あれほど強く押さえているのに、まったくぶつからないで一気にやられてしまったことです。これは初めての経験でした。ふつうぐっと押さえたら、仮にやられるとしても、ガツンとぶつかってから上がっていきますが、先生のはぜんぜんぶつからないで、ふぁっときた。思わず、「あっ気持ちいい」って言ってしまいました。

「自分は一体何を言っているのだ」と思いましたが、最初の言葉が、「気持ちいい」なのです。そのあとセーターをつかんでみろと言われて、いったい何をするんだろうと思ったら、先生が少し動くとコロンと倒されて天井が見える。「えっ？　体に触れてないよな」と思い、もう一回お願いしますと、今度は絶対に倒れないように踏ん張った。しかし先生がちょっと動くと、コロンと倒されてしまう。六回ほど色々抵抗の仕方を変えて踏ん張りましたが、一瞬で何も感じないうちに倒されてしまう。

これはすごい、本気でがんばっても力を使わないで倒されたのは初めてだと思いました。「お弟子さんで出来る人いますか？」と聞くと、「誰もいない、ぜんぜんだめだ」と。えーっと思いました。とにかく本当に床に平伏して、「ぜひ入門させてください」と言ったわけです。しかし上のほうから、「だめだ」という声がしました。それまでは月謝もいらないから教えてやるとか、自分の弟子を自慢する人ばかりに出会ってきましたが、先生は何から何まで違っていました。

四股千回で佐川先生とつながっていた

そのあとぜひ入門を許して欲しいと心を込めて手紙を書いたら、「私は教えないよ。それでも良いのなら」ということで、なんとか先生のところに行くことになりました。驚いたのは、その〝だ

体合気飛ばし

体合気で相手を吹っ飛ばすが、先生にはまったく力みがない。

めだ〟という弟子が強いのです。一般にもし先生の実力がなくて、弟子が自分から受身を取っているような道場だったら、弟子たちは本当にやられるという経験が出来ませんから、技が本当に効くということのイメージがつかめず、強くなることは不可能に近いのです。しかしここでは門人たちが、今まで見たこともない強さを持っているのですから、これには驚き、佐川先生の実力の高さをあらためて感じました。実はその頃名古屋にいたのですが、名古屋から先生の道場に十五回通いました。

そのあと一年間は数学の研究で、ドイツとフランスに行くことになりました。せっかく佐川先生の弟子になれたのだから、つながっていたいと思い、鍛え方を教えてくださいと、今思うと佐川道場では許されないような質問を当時は平気でしていました。

すると「四股を毎日千回やりなさい」と。やり方も何も教えてくれない、ただそれだけです。やると二百回くらいで股が痛くなる。「先生千回なんて出来ません」と言うと、「なに言ってるんだ、私は四股をやり続けたまま死ぬことが出来る」と言われてしまいました。

外国に行ってからも、四股を千回やって体を鍛え始めました。せっかく弟子になっても先生がいないので、四股千回やるしかないわけです。それだけで先生とつながっている気がしました。

その時にドイツで変なチンピラたちにからまれたことがありましたが、四股を毎日千回やっているやつはいないだろうと変に自信がありました。坊主頭の赤シャツ男が私の肩に手をかけて止めようとしたのですが、ニコニコしたまま相手を浮かせてそのまま歩いたり、ボスみたいなのが出てきても、動ずることなく、ずっと笑ったままで済ませることが出来ました。

それ以前も大学院生の頃、実戦をしに夜な夜な池袋あたりを喧嘩かなと思うと寄って行ったりしていました。その時は「自分が死んで、相手も道連れにする」というような、本来の自分じゃない異常な状態にしてやっていたのです。ですから平常に戻った時にガタガタと震えがきていました。

ところが、四股で体を鍛えるようになってからは、そういうことがなくなったのです。もう本当に余裕をもっていられる。人格的変身をする必要がなかったのです。いざとなったらどうにでもなると。なぜならほかの人がやってないことを自分はやっているという自信があったから。体を鍛えるというのは、やはり大事だなぁと思いました。

実戦に動じない境地へ

四二歳の頃のことですが、佐川先生から、「あんたらは実戦の経験がないから単なる道場稽古になって考えが甘くなってしまうのだね」と言われました。

たまたまその日、常磐線の最終に近い電車で家へ戻る時、空いた席に座ろうとすると、腕の太い大男が、

「そこは俺が座る席だ！　おまえは一十《たす》一もわからない馬鹿野郎だ！」

と言ってからんできたのです。そして、

「俺は今まで合気道や少林寺拳法の有段者をみんなつぶしてきたんだ。決着をつけよう」

と言い、荒川沖駅に一緒に降りてきました。

もう夜中の十二時過ぎで暗かったのですが、当時駅前にあった草ぼうぼうの空き地へ行きました。

その男は吸っていたタバコを右手で地面に投げ捨てるや左手で思いっきり殴りかかってきました。ものすごいスピードの突きや蹴りを想定していたせいか、まるでスローモーションを見ている感じでした。私はすぐ右蹴りで牽制して相手のなかへ飛び込み、両手で胴を抱え上げるや逆さにして頭から落とし、後ろから左手で首を締めて十数回右肘打ちをしました。すべて一瞬のことでした。

ふと気がつくと、相手の男は身動きひとつしません。「しまった！　死んじゃったかな？」と一瞬あせって、揺り動かすと「うーん」と目を覚ましました。

そこで色々技をかけると、「蹴っていったらどうするんだ？」と聞いてきました。「好きなように蹴って来い」と言うと、「では右足から蹴らせていただきます」と、突然礼儀正しくなって蹴ってきました。そこで、足をすくって仰向けに倒しました。すると、

「あんたにはどうしてもかなわない。でも悔しいからせめてカバンを殴らせてくれ！」

そういうエネルギーは発散させておくに限ると思い、私はカバンを右手に持ち、まるで闘牛士になった気分で殴らせました。すると、「ありがとうございました」と、その男は頭を下げたのです。

その時、その男の片方の靴がないのに気づいて二人で探しましたが、ずっと離れた所に落ちていました。これには二人とも驚いてしまいました。しかし〝はずみ〟とはすごいものだとつくづく思いました。

私のことを「刑事さんでしょう」と言うので、「いや、数学の先生だ」と言うと、「嘘でしょう？」と驚いていました。「自分は勝つと相手を徹底的に服従させてきたが、負けてしまったので何でも言うことを聞く」と言うので、「そんな必要はない」と言うと、「それでは酒を一杯ごちそうしたい」

と言います。車だからと断ると、近くにあった自動販売機で缶コーヒーを買ってくれたのですが、なぜかピンポンと音がして、もう一本出てきました。

その男は仕事で上司に「おまえはバカだ」と言われ、腹がたって誰かを殴ってやろうと相手を探していたということでした。別れる時はいつまでも頭を下げて、缶コーヒーを二本持って駐車場へ行く私をずっと見送っていました。

次の稽古で佐川先生にこのことを報告すると、そういう時はこうやれとか色々秘伝を教えてくださいました。もう実戦は充分だと思ったら、不思議なことにその後は実戦の機会はありません。まるで自分が必要とすることは、自分が引き寄せているように感じました。

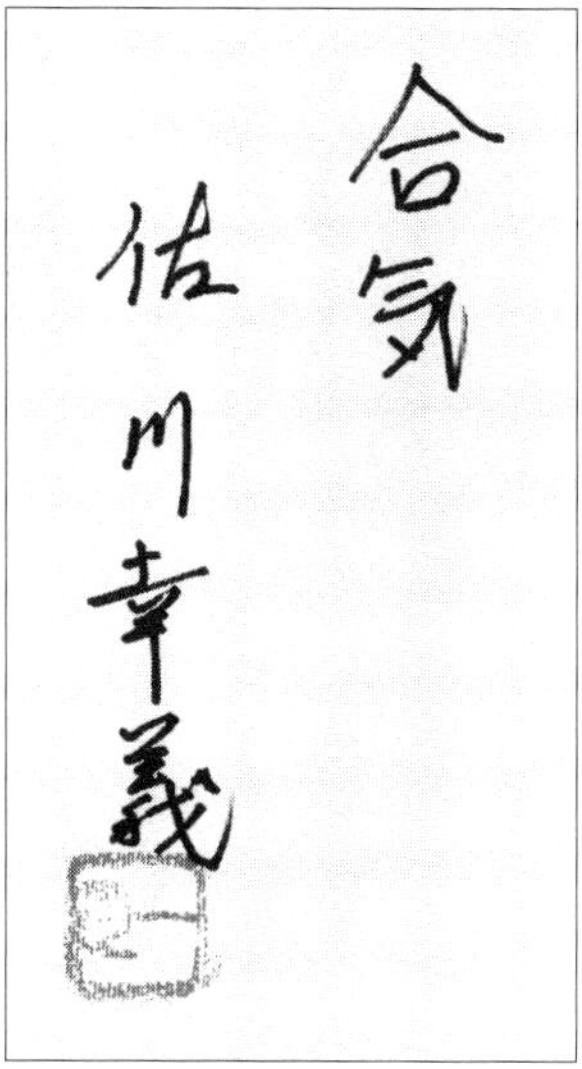

佐川先生が95歳の時、「合気、佐川幸義」と私に書いてくださったサイン　平成9年11月

合気道創始者・植芝盛平翁と大東流の関係

31歳の植芝盛平氏は吉田幸太郎氏の紹介で初めて武田惣角先生の講習（大正4年（1915）2月20日～3月5日）に参加した。佐川幸義先生の父親の佐川子之吉《ねのきち》氏は、その1年前に教授代理になっていて、その講習で植芝盛平氏に手ほどきをした。植芝氏は佐川商店の常連客で旧知の間柄だった。

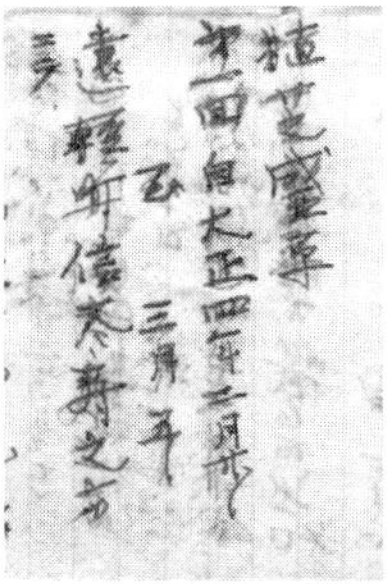
植芝盛平
自大正四年二月廿日
至三月五日
遠軽信太壽之方

佐川子之吉氏の指導記録

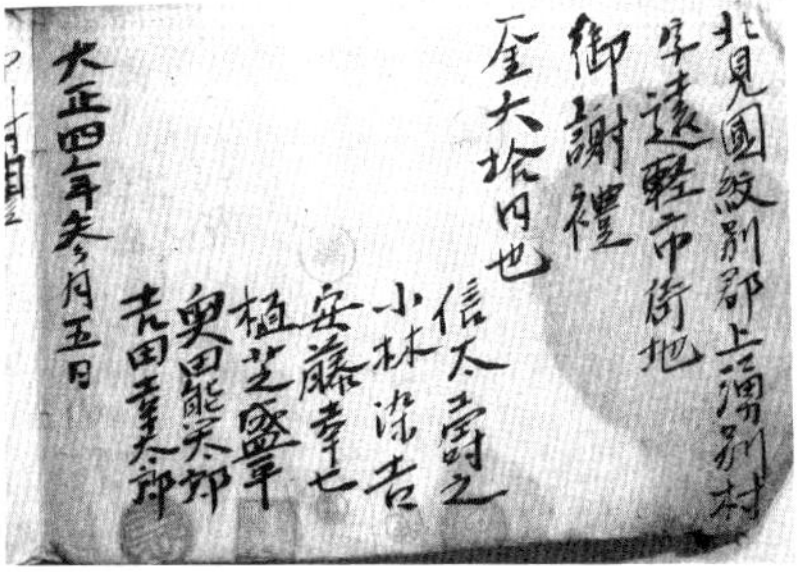
北見國紋別郡上湧別村
字遠軽市街地
御謝禮
金大拾円也
信太壽之
小林浚吉
安藤幸七
植芝盛平
奥田熊太郎
吉田幸太郎
大正四年参月五日

講習最終日の受講者6名による謝礼の記録

この時は信太壽之《しだとしゆき》氏以外の受講者5名は久田旅館（久田藤八が明治45年に開業）に宿泊し信太壽之氏宅で行なわれた武田惣角先生の講習に参加したと思われる。

その後、植芝盛平氏は、大正11年9月15日に教授代理になり、47歳になった昭和6年（1931）年4月7日まで、武田惣角先生に1ヵ条から4ヵ条、コテ返しや四方投げなどの大東流の技を教わった。そして武田先生が亡くなった5年後の昭和23年（1948）2月9日、65歳の時に、正式に合気道と名乗り、初代道主となった。やがて合気道は世界に広まっていった。

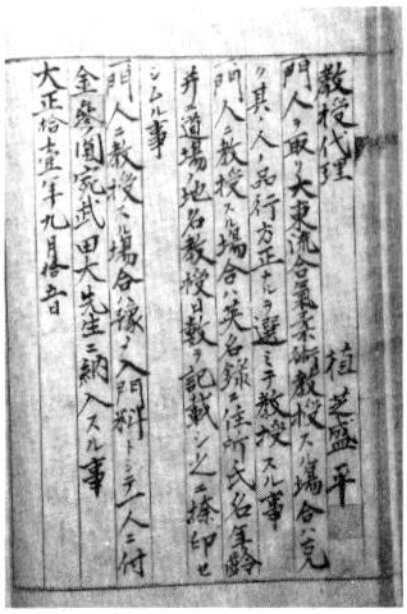
植芝盛平
教授代理
門人ヲ取リ大東流合氣柔術教授スル場合ハ
其ノ人ノ品行方正ナル者ヲ選ミテ教授スル事
門人ニ教授スル場合ハ英名録ニ住所氏名年齢並ニ道場地名教授日数ヲ記載シ之ニ捺印セシムル事
門人ニ教授スル場合ハ入門料トシテ一人ニ付
武田大先生ニ納入スル事
大正拾壹年九月拾五日

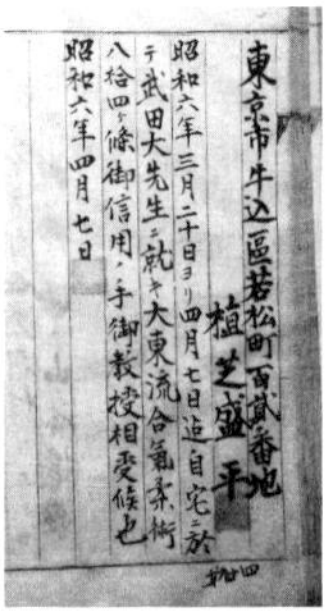
東京市牛込區若松町百貮番地
植芝盛平
昭和六年三月二十日ヨリ四月七日迄自宅ニ於テ武田大先生ニ就キ大東流合氣柔術
八拾四ケ條御信用ノ手御教授相受候也
昭和六年四月七日

植芝盛平翁が教授代理になった記録　　植芝盛平翁の最後の受講の記録

（3枚の写真は、大東流合気武道・東京総支部二十周年記念、平成元年11月より）

第三章　大東流合気武術　佐川幸義先生

合気は意識の技術

合気道では、「昔の武道は魄（肉体）の武道だったが、今は魄を土台にして魂の花を咲かす武道、ずっと進化したものだ」という言い方がされてきましたが、佐川先生に会ったら「体だ」と言われる。最初は次元が低いのかなとか思うわけです。ところが、やっていることは、はるかに高い。合気道で経験したことのない感触で、しかも力を感じることなく倒されました。

そのような感じで最初はわけがわからなかったのですが、佐川先生には何かほかの人とまったく違うものが存在していると思いながらやってきたわけです。

合気をとるかとらないかが大事だということは、かなり初期のうちから気づいてはいたのです。最初、同い年のお弟子さんにも指一本で倒された時はショックでした。私は十五年夢中でやって合気道五段、むこうは十年でしたから。私より小さくて、とくに力も入れていなくて普通にしているのに、何をしてもびくともしない。この時は「いくらなんでもこの違いは個人の才能によるというより、習っているものの違いだろう」と思いました。

しかし佐川先生に直接投げられ身体も鍛え続けて三年くらいたつと、がんばればそのお弟子さんに抵抗出来るようになりました。そして五年たった時には、がんばらなくてもぜんぜん響かなくなりました。

ところが、佐川先生には、五年後の八一歳になられても、まったく抵抗出来ずに、ころんと倒されてしまうのです。自分の身体が強くなっていくのに従って先生と弟子の差がますます鮮明に

津本陽氏に合気上げを説明する佐川幸義宗範　左から津本陽氏、私
昭和63年4月15日　（文藝春秋の今井仁史氏撮影）

なっていきました。

これは何かある、何かなければ出来るわけがない。最初は錯覚かな、先生に無意識に遠慮しているかな、などと思いましたが、何度もやっていれば、そんなことは絶対にあり得ないということがわかるわけです。これはとても不思議な現象が起こっているのだということがはっきり認識されたのが、五年たってからです。

佐川先生に投げられると、とても元気になるのです。合気で投げられると身体の芯に響いて活性化される。自分から飛んだのではだめなのです。それでは疲れてしまう。

一人で稽古に行っていた頃は、帰りに数学の問題がよく解けました。四年間くらい解けなかった問題が、先生に投げられたあと解けたこともありました。非常に脳が活性化していく感じなのです。しかしだんだん仲間が増えていき、今日の佐川先生はすごかったなどとみんなで興奮して話しながら帰るようになると、それも出来なくなってしまいましたが……。

二十年佐川先生に就いて、先生が亡くなるちょうど三年前に、佐川先生のことを書いた私の著書『透明な力』が講談社から出て、それから二年半ぐらいたったある時、やっと合気というものの糸口がつかめました。それは、結局ある意味で物質としての肉体を超えたところでもあるのですが、しかしそれは肉体を通さないと出来ない。

そういうことがだんだんわかってきた。体を、たとえば毎日、四股を千回、多い時だと一万回、一日五時間くらいやって鍛えた。そういうものをずーっとやって十四年ぐらいたった時に、いったい私は何を鍛えているんだろうと思ったのです。

その時にはっと気づいたのです。鍛えているのは筋肉じゃないんだ、体の内部にある何かを鍛えているんだと。だから非常に肉体の波動に近いけど、肉体でない肉体というか、そこがどうも四股を踏むことで強化されているみたいだという感じがだんだんわかってきたわけです。

合気はやはりそういうものを通さないと出来ないのかもしれない、それを表わす言葉がないので誤解されそうですが、強いて言えば、合気は意識の技術と言えるかもしれません。ここで技術と言っているのは、いわゆるエネルギーとしての〝気〟や催眠術の類とは本質的に異なるという意味です。筋力や気による力ではありません。しかし、意識の世界というのは非物質的ですから、普通ではそれは物質に影響を及ぼさないわけです。合気はそれを結びつける鍵のような感じなのです。

「あんた以外に教えると思うのか」

私はなんとしても合気をとり、人類に残しておかないと、いったん合気が消えたら誰も合気の存在を信じられないどころか、合気の再現さえ不可能になるのではないかと思うようになりました。そうなると合気系の武術は単なる型になるか、お互いに倒れ合っているもので、とても鍛えた人間を相手にした実戦には使える武術にはなり得ません。佐川先生がすごかったと言っても何がどうすごかったのか、いくら口で説明しても、実際に少しでも出来る人がいなければ実感として理解出来ません。結局宮本武蔵がすごかったというのと、なんら違いがなくなってしまう。

平成元年11月17日
朝日新聞撮影

最初は、合気が残ること自体が大切であって、合気を残すのは自分ではなくてもいいと思ったのです。私は先生からいつも、「あんたはなんて勘が悪いんだ」「木村君は生まれ変わらないと合気はとれないね」など、さんざん言われていました。

ある時あまりに強く言われて、「これはもう自分には無理かもしれない」と思い、翌日先生と二人きりでいる時に、「合気をとれる可能性があるのは誰ですか？　私はもう全力でその人をサポートします」と言いました。

　そうしたら、先生はジーッとこっちを見て、

「あんた以外に教えると思うのか」

　それを言われてからぱっと台所を出て行かれました。

　一瞬「え！？」と思いました。あれだけぼろくそに言われていて、こっちはだめだと思っていたのに……。

　その時、あらためて「本気でやろう」と思いました。

　先生は、合気を伝えるつもりで鍛えておられたご長男を十七歳で腸チフスでなくされて以来、がっかりされて、「もう合気を残してもしょうがない」と思われていたとお聞きしていました。

　しかし、先生の九十歳の誕生日に、台所で先生と話をしていたら、「九十歳になるので、教えるか教えないかを昨日ずいぶん考えたが、結局教えることに決めたよ」と言われたのです。

「これを残したい」

　今から思うと、たぶんこの時に合気をこの世に残そうと思われたような気がします。

　ですから、私は命がけで、物理的に絶対に無理だという時以外は稽古に出ることにしました。熱が四十何度ある時も行きました。その時は、先生にうつしてはいけないと、先生の家の近くの神社で精神統一をしてむりやり熱を下げました。それでも喉のひりひりは残っていたのですが、

私が20年間記録した稽古日誌

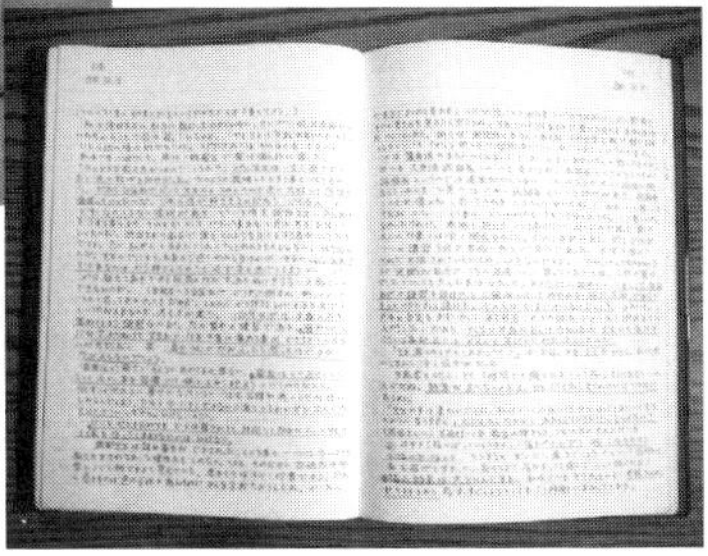

毎回必ず佐川先生の言葉を書いていました。
疲れて字が汚くなっているところもあります。

先生がそばに来られたとたん、温かいものがスーッときて、喉の痛みがスッと消えたのです。本当に鍛えている人というのは、何かがあるのだと思いました。

合気は絶対残さないとだめだと思い、一回一回の稽古を大事にしました。週三回投げられ続けたら普通マンネリになりそうなものですが、不思議なことに毎回新鮮さがあり、感動が続いたのです。本当に自然で無理がない。嫌な感じがまったくないのです。しかもどんなにがんばっても力がぶつからないで気持ちよく倒される。先生に遠慮したり、自分から受身を取る必要がない。それがとても幸せでした。

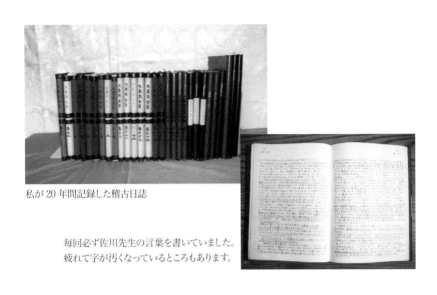

私は、合気道と大東流を両方やってきたからわかるのですが、今の合気道のやり方では、本当に技が効くようになるにはむずかしいところがあると思います。

なぜかと言うと、どんなものごとでも最初は出来ないのです。出来ないという過程を踏まなければいけない。そうしてだんだん出来るようになる。ところが今の合気道の場合は、最初から出来ている、お互いに倒れ合ってしまっている、つまり出来ないという過程をぜんぜん踏んでいない。それでは第一歩を踏み出していないと思います。

私は合気道の悪口を言うつもりはまったくありません。合気道の役割はとても大きくて、お互いにバーチャルに達人の気分を味わいながら、気持ちよく楽しめる。だから多くの人がやることが出来る。もし本気で抵抗した者も倒せなければならないというのだったら、とても普及することは出来ません。そうまでしてやろうとする人はほんの少数でしょう。そうすると合気道は消えてしまうかもしれない。

ところが佐川先生の大東流の場合、先生に投げられると気持ちがいいわけです、本当に自然なのです。どんなにがんばっても気持ちよく倒されてしまう。これを残したいと思いました。

台所で、マンツーマンの合気指導

入門してから、先生に「自分の出来ることがあれば、どんなことでもやらせていただきたいと思っていますので、遠慮なく申し付けてください」と手紙を何回か出していたら、ある時道場で「それでは木村くんに毎回買い物をしてきてもらおう」と言われました。それ以来、先生に次回の稽古の時に買っていくもののリストとお金を預かり、稽古の前に買い物をして、いつも午後二時から先生のところに行っていました。

二時から三時の間は先生と一対一で台所で話をして、三時から道場に行くという具合でした。最初の頃は先生自からインスタント・コーヒーを入れてくださいましたが、そのうち私が入れるようになりました。

台所では、先生は「合気がなかったら、あんたはいくらうまくなったって必ず行き詰まるよ。合気がないかぎりだめだ」とよく言われました。そしてさらに「先生しか出来ないという考え方をしてはいけない。そういう考え方をしていたらうまくならない」とも言われました。ところがそう言われたあと道場では、みんなの前で「合気はあんたらには絶対に出来ない。木村君はこれだけ言ってもまだあきらめていないんだから。出来ないことだけは保証するよ」とよく言われていました。時には先生は笑いながら言われて楽しんでいるようにも見えました。

先生も色々深く考えられていたのだと思います。それで、一番最初に先生が合気そのものを説明と言うか、今から思えば先生がはっきり見せてくださったと思うのは、平成七年のことでした。それは、縁あって私が教えた空手の元世界チャンピオンに稽古の感想文を書いてもらった時のことです。その人は自分の会を主宰していましたが、実に感じの良い温かい人で、稽古のあと駅前の喫茶店で素直に好意的に、「木村先生の約一時間半の指導があっという間に過ぎてしまい、私の力が無力化されてしまい、真の武道の存在、そして底の深さをまざまざと見せつけられてしまった云々」と感想文を英名録に書いてくれました。

それを先生にお見せすると、

第七元直伝講習のお礼の席　昭和63年9月18日

「あんたのは合気じゃないよ。来てみなさい。本当の合気はこうだ！」

と、台所で向かい合って椅子に座り、合気上げを何回もやってくださったのです。

それは道場で普段やるのとぜんぜん違う合気上げでした。こういう合気上げをやってくださったのは、この時だけでした。

今から思うと、先生は本当に教えようとしていたなということがわかります。かなりはっきりポイントを見せようとされている。もし私が本当に勘が良かったら、この時に先生から合気を教わったということになった可能性もあったのでしょうが、当時はなぜそんなに効くのかまったくわからず不思議で仕方ありませんでした。

またこういうこともありました。第六元の直伝講習が終わってかなりたった頃のことですが、台所で先生に、

佐川幸義先生卆寿（90歳）のお祝い会　平成4年7月12日

「もう七元以上は無理でしょうね？」

　と言うと、

「そんなことはない。やってあげるから一緒にやる人を選びなさい」

　と言われたので、二人の先輩を推薦して三名で受けることになりました。ある時、先生が「七元で教える技を選ぶために、昔のノートを色々見ているのだ。結構良い手もあって、それをやろうか、もったいないからやめようかと色々迷うよ」と言われました。

「でも田口さんたち二名は八元までやったのではないのですか？」と伺うと、

「その頃は七元はまだ出来ていなかったので、七元の技を五つだけやって八元別伝をやったのだ。しかしあんたらにやる八元は、本八元《ほんはちげん》でまったく違うものだよ」と言われました。

後に佐門会理事長として佐川先生が遺された八元別伝の技の記録を見る機会がありました

佐門会温泉旅行の宴席で武術の話をする佐川先生
鶴巻温泉（神奈川県）「陣屋」　平成３年８月18日

第十元直伝講習の御礼の席（フランス料理）
後列左から、私、高橋賢、内野孝治の各氏　平成７年１月21日

が、まったく内容が異なっていました。結局三名で十元まで受けることが出来ました。私の印象では二元から十元を通して、七元が一番輝いている感じがしました。先生も「今はわからないだろうが、七元は宝の山でいずれ少しずつ気がつくだろう」と言われました。


七元を終えた頃、台所である先輩とともに先生と話をしていた時、先生が、

「木村君はこの合気に命をかけているでしょう」

と、その先輩に言われたのです。

佐川先生が私をそう見てくださっていると知り、感激しました。

しかし、数年後に自分が文字通り命をかける羽目になるとは、夢にも思いませんでした。

教授になってから、研究・教育以外の大学の用事が飛躍的に増えたものの、「稽古は絶対休まない」とがんばってやっていたのですが、だんだん疲れがたまり、ついに狭心症と診断されて、ニトログリセリンを持って稽古に通うことになってしまったのです。

平成十年の二月三日（火）には、ついに研究室でダウン、二時間ほど脂汗を流しつつソファーの上で動けなくなってしまい、まさに〝命をかける〟状態になってしまったのです。

その週末には連続した稽古があったのですが、頭では、「これで稽古に行ったら死ぬだろうな」と思い、妻も必死で止めたのですが、稽古に行かないということがどうしても考えられなかったのです。二十年も稽古は絶対休まないとやってきたので、頭が切り替えられなくなっていたのかもしれません。

ところがそんな時に、二月五日(木)、父が亡くなりました。翌日、妻の夢に父が現われて、「良かったね」と言ったそうです。私の身体を心底心配していた妻は、その瞬間に私はもう大丈夫だと確信したそうです。父が亡くなったので私はすべての用事をキャンセルして自宅でじっとしていました。身体がみるみるエネルギーを回復していくのを感じました。そしてそれから一ヶ月ちょっとして今度は佐川先生が亡くなられたのです。

先生の波長と合わせる

先生の背後の気持ちがわからないと、合気はとても理解出来ません。形に出るものなら真似をすればいいですが、合気は形ではありません。一番大事なところがぜんぜん形に出ない。ですからもう先生と波長を合わせるしかないのです。テレビやラジオでもチャンネルを合わせて初めて見たり聴いたり出来る。先生と波長を合わせて初めて見えるものがあるのです。

もし私が「秘密主義は良くない」という、合気道をやっていた頃の考えにこだわり、先生の気持ちを感じようとしなかったら、結局何もわからなかったでしょう。私は先生にどんなに怒られようと、それは強い教えを受けたと解釈して、絶対ふてくされたり暗くなったりしないと決めていました。また先生のような方には、心の状態を良くして会わなければいけないと思ったことが、結果として自分にも良かったのです。先生の言葉を聞く時、それをどういう気持ちで言われているかも感じようとしました。

しかし、言葉による理解は自分の経験に基づくので非常に限定されています。たとえば生まれつき目が不自由な方に青と緑の違いを言葉で説明することを考えれば、言葉の限界がわかります。合気は、何千回とやってもらって、少しずつアイディアが出てくるのです。こういう角度とかああいう角度とか、そういう物理的な問題じゃない。

しかし、本当にがんばっている者を倒せる以上は、絶対に理由があるわけです。きちんとした理がなかったら必ず出来るということはあり得ません。どんなに不思議に見えても理屈がありま す。しかし、それをつかむのが大変なのです。

外からコツンと合気の種が来た

そして、それをつかんだのが、佐川先生が亡くなる約半年前の、平成九年の九月十四日の日曜日でした。

実は先生の晩年の十年間くらいは、佐川先生の直伝講習では新しい技の形は私が教えて、先生がたまに受講者の手を直接取るというのが普通になっていました。その年の二月にも二元直伝講習があったのですが、全部で十回あるうちの四回目の時、

「先生、今日は片手の合気をやる日ですので、先生が直接教えてください」

とお願いすると、

「あんたがやればいいだろう」

と言われました。しかし私がやったとたんに、

「だめだ、だめだ！　あんたのは力だ、合気じゃない！」

その後五月三日の稽古でも、

「このままでは、あんたは合気がとれないし、合気はこの世から消えてしまうよ」

と言われて真っ青になって考え続けました。

そしてその二日後の稽古で、考えたやり方を試してみたのです。しかしそのやり方ではあまりうまくいかず、偶然ある方法がとても効いて、相手が飛んだのです。

そして七月にドイツへ行った時に、以前にやってびくともしなかった巨漢をバーンと倒すことが初めて出来た。「これだ、これが合気だ！」と思いました。

しかし八月に合気佐門会の温泉旅行の時に、

「あんたのは力だよ！」

と、先生にじっと目を見て言われてしまいました。

ところが、その後ずっと考え続けていたところ、ある日、台所で先生が、

「あんたはもう合気がわかったっていいんだよ。何やっているんだ！」

と言われたのです。

まったく衝撃的でした。合気は絶対にわからないと言われ続けた先生に、あんたはもう合気がわかったっていいんだよと言われ、まるで封印が解かれたような気持ちでした。

そして九月十四日の日曜日、朝八時頃だったと思います、佐川先生に軽く押さえられてもびく

ともしないのはなぜかとか、力は何も感じられない合気のことをベッドのなかで考えているうちに、何かがコツンと当たる感触がしたのです。外からコツンと、とんでもないアイディアが来たわけです。それが、今思うと合気の種だったのです。

そして、その日の稽古で、先生の技をしょっちゅう受けて抵抗力がついて、私の技が効かなくなってきていた後輩を久しぶりに倒すことが出来た。

それはずーっとレベルが低く幼稚ではあるけれども、合気の世界へようやく移れたと思いました。それは内からひらめいたのではなく、完全に外から来たのです。

合気を伝えるまでは……

私は、先生は合気をちゃんと伝えるまでは絶対お元気なんだと、深いところで確信していました。というのは、その頃先生はよく私に、「合気は私が生きている時にとらなければだめだ。私が死んでからでは遅いのだ」と話されていて、八七歳の時に一ヶ月も入院されて、もうだめだと思われたのに、まるで何事もなかったかのように回復されたという事実があるからです。

実は先生が心筋梗塞になった平成二年五月十八日に、他流の人の、一元の直伝講習があって、その時先生がものすごい技を一度やられたのです。

椅子に座っている先生に私が右手で打っていくと、先生はスッと立ち上がって右手で打ち返され、私はすさまじい勢いで畳に叩きつけられました。あまりに速くて手で頭を防ぐのが間に合わず、頭から畳に突っ込んでしまい、そのあと加速のため、内臓がダーと片方に寄ってしまうような感じでした。これはそれまでにまったく体験したことのないすさまじい技でした。

そして、その稽古のあと門人たちが当時行きつけの定食屋「亀屋」で夕食をとっているところに、先生から電話があり、気分が悪いと。

その頃の先生の主治医は、当時東京大学医学部講師だった弟の木村健二郎（現高輪病院長）で、やはり剣道、合気道をやったあと、佐川先生に入門していました。弟の診断では心筋梗塞でした。先生は「入院は絶対しない」と強く言われましたが、弟が説得して三日後にやっと東大病院に入院することになりました。本当は最初の一日目がきわめて危険だったそうです。

そして一ヶ月間、寝たきり状態で入院されました。八七歳だから、普通だったら動けなくなるのに、二十日くらいたつと、窓際で一生懸命鍛えようとされるのです。

先生は一ヶ月後に退院されたのですが、退院された日に道場で、バシーンとまた私を畳に叩きつけて、「これで力じゃないことがわかったでしょ」と、言われました。私は投げられた感じが予想に反して、入院前とまったく同じであることに驚いてしまいました。まったく衰えていなかったのです。

そういうことがあったので、九月十四日、合気がわかったと喜んだとたん、先生大丈夫かな、と思ってしまいました。そうしたら三日後に体調を崩され、翌年三月に亡くなるまでずっと具合を悪くされていました。

最期にあの技を三回かけられた

先生は亡くなる前日の平成十年三月二三日に、以前の入院のきっかけとなった〃あの技〃を三回もやられたのです。あの技が通常と異なる点は、合気でやると普通はまったく身体に負担がからないのに、先生自身にも大きな負担がかかること、また私がどう受身を取っても頭から突っ込んでしまうことです。ちなみに私はこの技以外で頭を打ったことはまったくないのです。しかし二十年以上たって、易によって初めてその謎が解けました。

その日は、一ヶ月前に亡くなった父の納骨のために私は京都に行っていて、一週間ぶりに先生のところにうかがいました。「待っていた」と言われた先生は、とても具合が悪そうなご様子でした。あれだけすごい方が齢をとられて、色々ご不自由な状態でいるのを見るのはつらいものがありました。

本当は「先生の前で合気をやるものではない」と言われていたのです。佐川先生も武田先生の前で合気を使うと武田先生の機嫌が悪くなり、「武田先生の気持ちがわかったので、武田先生の前では合気の技をやらなかった」と言います。

それくらい合気とは厳しいものだと言われていたのですが、その日の稽古ではどんどん合気をやっていきました。というのは、その日はなぜか魂の深いところで、「先生、合気はもうここまでわかりましたから、安心してください」と、先生にさかんに語りかけていたのです。

先生はじーっと見ていました。私は先生を背にして稽古していたので、稽古中は先生の顔は見えませんでしたが、ものすごい顔をして見ていたそうです。一時間半くらい見たあと、先生は十五分くらいぶっつづけで、「これが合気だ」とか、「これから合気をかける」と言いながら私に合気の技を何回もかけてくださいました。

先生の手を持って投げられた時はびっくりしました。一週間前までとまったく感じが変わっているのです。また次元が変わってしまった気がしました。あまりにもすばらしくて思わず「これは人間が出来る技ではない。神様の技だ」と心の中で叫んでしまいました。二十年のうちで、先生は毎回のように変わり続けましたが、特に次元が変わったと思うような大変化は三、四回ありました。そして、この最期の時は、飛躍的な進歩を遂げられたのです。

そして私の顔を見ながら「合気は力ではないのだ」と何回か静かに言われたあと、最期に三回、その例の技をやられました。

これはあとで聞いた話ですが、先生はもはや前回のようにスッと立ち上がるのは無理で、左手で椅子の肘掛をグッと下へ押して立ち上がり、右手打ちをされた。しかし三回目は左手の力も尽きて立ち上がれなくなったので、ご自分のすべてをかけるように、右腕を真上へぐーっと伸ばして右手打ちをされた。

私はといえば、夢中になって先生にかかって行ったし、三回とも、どうしても手で防ぐのが間に合わずに、頭から畳に激しく突っ込んでしまっていましたので、違いはまったくわかりませんでした。そのあと、先生は「ものすごく疲れた。これでわからなければ、どうしようもない」と言いながら奥へ入られ、次の日に亡くなられたのです。

実は、佐川先生は亡くなられる少し前に「私には後継者がいない」と直接私に言われたのですが、それがすごく暖かい雰囲気で言われたので、自分では「私に負担をかけないようにと気を使われているのかな」と思いました。そしてたしかに気持ちも楽になりました。当時は疲れから狭心症になり、ニトログリセリンを携帯して道場に通っていたのです。

しかしそれから二十年以上たって、津本陽さんの遺作『深淵の色は　佐川幸義伝』の資料作成のために、門人仲間で本筮易《ほんぜいえき》の宗家から易を継承された石井以智子さんに、その時の佐川先生の気持ちを易で見てもらいました。その答えに私は愕然となりました。

「佐川先生はこのままでは合気が消えてしまうと思われた。そこで自分の命と引き換えに自分の全身全霊を出し切って木村先生の全細胞と融合する意識で全エネルギーを放出している卦《け》が出ました。それにより自分の命がなくなるということを知った上で、数年余分に生きる価値より合気をこの世に残す道を選ばれた。合気を弟子に託すことも言わず、あちらの世界に黙って逝った」

合気をつかむまで

合気のきっかけをつかむまでは、私が「これが合気だ」と思ってやっていると、先生はじっと三ヶ月くらい何も言わずに見ていました。そして、ある時突然、「あんたのは合気じゃない。合気はこうだ！」と、私のやり方と合気のやり方を両方やってくださる。

比べると違いがよくわかるので、納得してまた色々考える。そうするとなぜかまたアイディアが出てきて、「ああ、これが合気か」と思う。それにまわりの人が「これはすごい」なんて言うものですからなおさら勘違いします。そしてまた同じことが繰り返される。

佐川先生にこれほど教わっても、何回も「これが合気だ」と勘違いするのですから、何かちょっと出来て、それを合気だと勘違いする人はたくさんいるのだろうなと思いました。

佐川先生が言われたことですが、武田先生は佐川先生に対して「それが合気だ」と言われたことはなかったそうです。佐川先生は「自分ではこれが武田先生がやっていた合気だと思うけど、それはわからない、そういうものなのだ」と言われました。

そして佐川先生は自分が体験してきたとおりに、私に対して全部やってくださったのです。

ある時台所で、「武田先生が合気について私にこう言った。何のことかわからないでしょう」というような話を色々されて、「これが自分が武田先生から合気について口で教わったすべてだ。これは教えたからね」と言われました。また「合気は自分でつかまなければいけない。私もそうやってきたのだ。もっとも私がどのようにやってきたかを教えないと無理かもしれない」とも言われました。

ですから合気のきっかけをつかんだと言っても、佐川先生にそれが合気だと保証されたわけではありません。しかし状況証拠とも受け取れる事柄が三つありました。

ひとつは、合気のきっかけをつかんだ翌月の十月、別の人の二元直伝講習で片手の合気を教える日に、今回はどうかな、と思いながら片手の合気をやったら、覗くように見ていた先生が、「ふん」

と言われて、椅子に深く座りなおされ、あとは何も言いませんでした。

もうひとつは、十一月二四日に門人の森田純氏と台所で先生の来られるのを待っていたら、初めて見るお手伝いさんが来て、「先生に後継者はいるんですかって聞いたら、いないと言っていたけど、このあいだ、『最近一人後継者が出来た』と言っていたのよね」と、色々話していきました。私は思わず「えっ！」と森田氏と顔を見合わせてしまいました。

だいぶあとになって、先輩の松本征儀さんから聞いたのですが、佐川先生が亡くなる半年程前、松本さんが一人で門人出欠表をつけていたら、先生が奥の部屋から現われて、少し世間話をしたあと、しばし沈黙されてから「大東流は筑波に行くかもしれない」とポツリと一言洩らされて、奥の部屋へ戻られたそうです。

また、先生に台所で、「私が生きている時は合気が出来たと言ってはいけない。死んだら……」とちょっと考えて、「言っていい」と言われたこともあります。しかしこれは、合気のきっかけをつかむ前の話です。

武田先生と佐川先生の世界

合気も人間がやる技術である以上は、会得したといっても、それで何でも出来てしまうというようなことはあり得ません。ただ合気のきっかけをつかむと、ある意味で肉体の制限からより自由な世界に移るので、通常では考えられないスピードで進化することが可能になります。

佐川先生は、「合気をとったかどうかはその後の変化を見ればわかる。合気がわかってから本当の修行が始まるのだ」とよく言われてました。

佐川先生は十七歳で合気の世界へ入ったけれども、実弟の佐川廣さんによれば、「兄は十七歳の時は、どんな者でも倒したけれども、相手が持った手が離れなくなって武田惣角先生のようになったのは五十歳を過ぎてからだ」ということでした。先生が武田先生を越える合気を会得されたのは、七十歳を過ぎてからです。

私のちょうど百回目の稽古の時、道場には先生と私しかいなかったのですが、私に片手を両手でつかませて、「武田先生は必ずこう手を返していたけれども本当に力の強い者に対しては、それでは行き詰まると思って、こう手も返さずそのまま崩してしまうことを研究したのだ」と言って、やってくださいました。

もっとあとになって両手捕りでも武田先生と佐川先生のやり方を比べてやってくださったことがあります。武田先生のやり方だとパッと手を返され、上半身が崩されて見事な感じですが、佐川先生のやり方だとすごく柔らかいのに、こちらの体が溶けてしまうようで、本当に次元が違うという感じでした。

二人以上が本気で押さえてきたのを一遍にやるなどは、筋力では物理的に無理でしょう。気力でも出来ないと思います、相手も気力はあるのですから。やはり合気がないと無理です。それは、相手の状態を完全に変えてしまうくらいのレベルの合気がないと本当には出来ないと思います。

前にも言いましたが、佐川先生は台所で二人きりの時は、「先生しか出来ないという考え方をし

武田惣角先生　大きな手がはっきりわかる貴重な写真

武田惣角先生　昭和10年12月撮影

てはいけない」とよく言われました。「先生しか出来ない」と考えると、いくら先生のすばらしさを体験しても自分にはどうせ出来ないと思うようになり、先生と自分が切れてしまうのです。自分が努力をしない言い訳にもなります。もっとも道場では、「合気は絶対に誰も出来ない」というようなことをみんなに言っておられましたから、そう信じている先輩も多かったかもしれません。

実弟の佐川廣さんから聞いたのですが、佐川先生も若い頃、「みんな武田先生しか合気は出来ないと言うが、同じ人間なら俺にも絶対出来るはずだ」と言って、努力を続けられたそうです。

また佐川先生が亡くなられたあと、平成十一年六月十九日（火）に佐川廣さんから電話があって、「木村さんも兄を一生懸命念ずれば、兄がのりうつるということがあると思いますよ。兄が亡くなってからのほうが進歩するということがあります。胴上げつぶし（四名が佐川先生を胴上げする。佐川先生は合気でその四名を中心に集め、その上に乗る形で四名をつぶす。著者はこの技を写真で見て、佐川先生が普通の方とは違うと思って会いに行った。編注）の時も兄は武田先生のをやるのを見たわけではなく、ただ父から話を聞いただけです。それでも、胴上げつぶしをやった時に、武田先生がのりうつった気がしたと私に言ってましたよ」と話されました。今は、この佐川廣さんの話を実感をもって理解出来ます。

二人の師に恵まれて

私は武術では佐川幸義先生、数学では佐藤幹夫先生に就きましたが、このお二人に会うことによって、武術も数学も壁を乗り越えることが出来ました。朝から晩までやっても自分の努力だけではだめだったと思います。

努力は私なりにしました。しかし佐川先生に会わなかったら、いくら努力しても合気開眼は無理だったと思います。それはあまりにも発想が異なるからです。ですから佐川先生の考え方自体が最初の三年間はぜんぜん理解出来ませんでした。まるで宇宙から通信を受けているような感じでした。三年くらいたち、やっと慣れてきました。これは、道場だけだったらわかりません。いくら技を見てもその背景を知らなければ、先生がどういう考え方から、それを言われているのかはわかりません。もちろん努力したということもありますが、努力すればいいというのは嘘です、情報が必要です。

よく世間で親切になんでも教えてあげると言う人がいますが、教えてあげると言っても、その人がそれだけのものをもっていなければ、いくら親切に教えてもらってもなんにもなりません。逆に佐川先生のように、「私は教えないよ」と口癖のように言われていても、本当に出来る存在だから、そばにいるだけでこちらに情報がきてしまう。その姿、形から色々なことを学んでしまう。

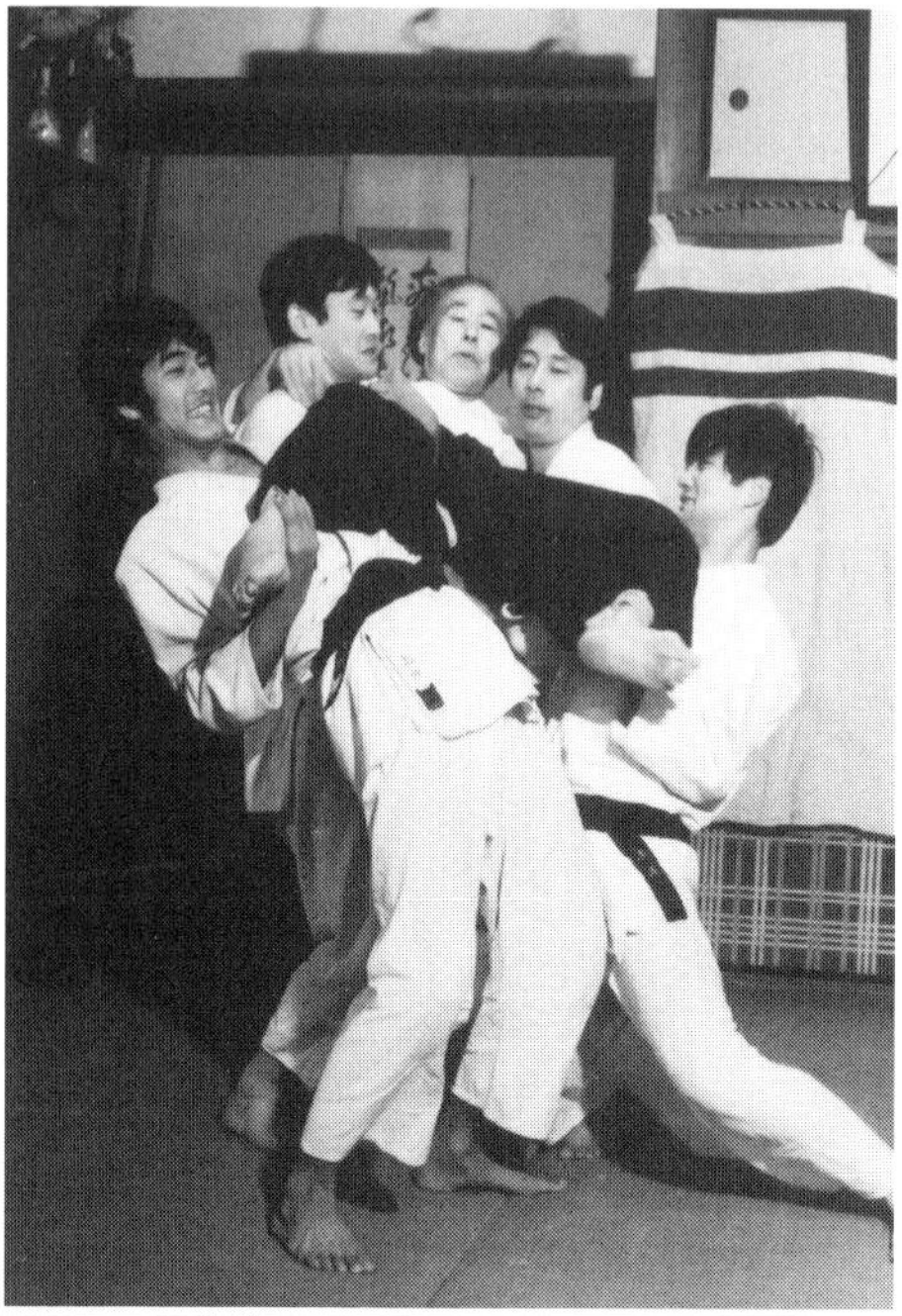

胴上げつぶし

昭和51年11月7日

佐川氏

やはり本当に出来るというのがどんなに大切かと思います。とくに武術に関しては、出来なければ意味がない。いくらやってもせいぜいその先生程度にしかいけない。

佐川先生に会って初めて、本当にがんばっても力まずに投げてもらえる。それまで会った先生は、口では力を入れないでやるのだと言っていても、こっちが力を入れてがんばると、結局先生も力を入れて力んでこちらを倒そうとする。なんだか変だなとずいぶん疑問をもっていました。

佐川先生の場合は、全部身をもって示してくれる。納得するまでやってくれる。そういう点ではすごかった。もう先生を試す方法がなく、「参りました」となる。そうなるまでやらせてくれました。「本気でがんばってもいいですか」「いいよ」と。

それがとても幸せでした。また、そういう先生に出会ったということ自体が幸せでした。充実感がぜんぜん違います。毎回毎回新鮮な感動があって、二十年間とても幸せな時を過ごせました。しかし、これほどの先生でもほとんど名前は知られていませんでした。それでいつか佐川先生についての本を出さなければいけないな、と思っていたのです。

『透明な力』の出版をめぐって

本を出すという話があった時、先生は、気性の激しさもさることながら、「私の合気は真剣勝負のためのもので、それ以外の何ものでもない」と常々言われていましたから大変でした。それに、命をかけた戦いではどうしても秘密も多くなる。そのため、あまり表に出たくないというお気持

槍術

槍の先をつかむのを、倒して極める佐川先生　昭和51年

ちの方でした。

しかし、私には先生のような本物の存在を広く知らせることは、必ず多くの人に夢や力を与えるだろうという信念がありました。これが、ちょっとでも自分のことを考えたら、とても出来ませんでした。

最初の頃は先生は原稿を見ただけで、それを畳に叩きつけて、「なんだ、これは！」ととても怒りました。しかしそれでもがんばって努力を続けていると、先生のほうから色々情報をくださるようになり、それからは文章を一字一句、加筆訂正してくださったのです。そういう意味でこれは先生の本なのです。

この本に関しては不思議なことが色々起こりました。だいたい本を書こうと思っても出版社をまったく知らないし、どうしようと思っていたところ、あっという間に講談社からの出版が決まってしまいました。それで書き始めたのですが、やっと出来上がって、発売日を二十年間苦労をかけた妻の誕生日の三月二四日にしてもらうと、そのぴったり三年後の同じ日に先生が亡くなられました。

また、大学時代、「せめて一日の半分以上は数学をやりなさい」と言われながらも、武術ばかりやっていて、とても会わせる顔がなかった数学の伊原先生へ、『透明な力』を出した時に、迷いましたが、ほかの人が持っていくよりはと思って送ったのです。三ヶ月ぐらい何も言われなかったので、やはり怒っておられるのかなと思っていたところ、妻に電話があって、「実はあの本にアンダーラインを引いて、数学ではどういう言葉に対応するかを全部置きかえて何度も何度も読み返している」

と言われたのです。

「えーっ」と思いました。やはり一流の人は共感してくれたんだと。たとえば、アンドレ・ヴェイユという人は数学で一流ですが、浮世絵なども専門家なみにきちんと評価すると聞きました。宮本武蔵が「兵法の理にまかせて、諸芸・諸能の道となせば、万事において、我に師匠なし」と書いているのも、似たようなところがあるのかなと思いました。

合気の先に広がる人間の可能性

少なくとも今の私にとっては、合気は単に武術のひとつの技術というよりも、「人間の本来の能力は普通に考えられているよりもはるかにすごいのではないかということを示唆している、今まで知られていないもの」という感じです。

ところで、色々本を読むと、はるかに次元が高い人たちがいるわけですが、合気はもしかしたら、今の次元から次の次元へ行く第一ステップじゃないかと思えます。『ヒマラヤ聖者の生活探究』(霞ヶ関書房、全五巻)という本を読んでなるほどと思ったのですが、たとえば、どんなに困難に襲われても、困難にはそれぞれ固有のバイブレーションがあるから、それより自分のバイブレーションを高めてしまえばその困難を受けることはないということを言っています。考えてみると、合気もそういう目で見ることも出来ます。

たとえば、両手をしっかり持たれた時に、同じ次元にいる場合は動かそうとすると、どうやってもぶつかってしまい、物理的にかわせない限り動くのがむずかしくなりますが、波動を高めて違う次元にいくと、障害が障害でなくなる、障害が消えてしまう。かわす必要もなくなってしまう。そういう意味で、合気は相手に隙がなくてもぜんぜん構わないのです。同じ次元にいると弱点を攻める必要があるので、どうしても隙を探すようになります。同じ次元にいるのではなく、波動を高めるというか、違う次元に移るということです。自分がそう思った瞬間に移る、説明しにくいのですが、気とかそういうものとは違うのです。

平成十六年六月、合気ニュースのスタンレー・プラニン氏がアメリカから日本を訪れた際、道場に来られました。三度目の佐川道場来訪でした。

プラニン氏は最初稽古を見学していましたが、私が片手を二人に持たせて倒そうとすると、「自分も持ちたい」と言って、手を押さえるのに加わってきました。私が構わず投げると倒されながら「これは本物だ!」と大きな声をあげました。

プラニン氏は佐川先生の最初のインタビューの時、先生の技は見ているのですが、直接体験はせず、弟子が声をあげて倒れるのを見て、嘘だと思っていたとのことでした。「まさか自分が大声をあげるとは思いもしなかった」と驚いていました。

それから静かにゆっくり倒したり、色々な技をやってみせると、「植芝盛平先生は次元が違うと言う人もいたけれども、自分が日本に来る二ヶ月前に亡くなられたので、自分は体験をしていない。でも本当に合気が存在していることがわかったので嬉しい」と言われました。

『合気ニュース』一一七号の佐川師範追悼特集取材の時もプラニン氏に技をかけたことがありま

す。彼はその時の感想を「小柄ながら頑強な五十歳の木村先生に対峙すると、その場をすっかりコントロールされてしまったように感じる。座って先生の手を何度もつかもうとするが、強くつかむことが出来ない。先生の体勢と内からの作用によって、私の攻撃力は無力化されてしまう。何回も何回も後ろへ倒されているうちに、技の初めか終わりかさえわからなくなってくる。身体の中心から放たれたエネルギーが、腕を通してほとばしる。それは、物理的な次元を越えたエネルギーの世界があることを我々にはっきり示している。このエネルギーが、身体的条件に左右されることのない、単なる技の域をはるかに越えた非常に有効な技を可能にしているのだと思った」

佐川道場の庭　昭和 55 年 6 月

佐川道場月曜日の稽古風景　平成 21 年 6 月

と、同号に書いていました。

しかし、その時は結局エネルギーと思われてしまったようで、その当時の私の段階では、まだプラニン氏を合気として納得させることは出来なかったようです。今回、三度目の体験で、佐川先生の合気について、プラニン氏は初めて本当に納得出来たと言われました。

人間は普通考えられているよりはるかにすごい能力を秘めています。ですから、人の言うことを鵜呑みにするのではなく、自分で確かめる、自分の直感を大切にする、あるいは自分の心に聞くということが大切だと思います。

その点、佐川先生は、これ以外は間違いだという言い方は絶対なさらなかった。「私はそう思うけど、もしかしたら違う答えがあるかもしれない」と言われた。「私はそう思うから、こうやってきたけど、これとはまったく違う良い方法があるかもしれない」と。そこの幅がすごいと思います。たいへん印象に残っているのは、「自分がわかった合気は合気全体の三分の一くらいだろう」と言われたことです。つまり毎日のように発見が続く先生にとっては、まだその先があるということが実感としてわかるのでしょう。ニュートンも亡くなる前に、自分は真理の大海の前で遊ぶ子供のようなものだと言ったといいますが、それは謙遜でもなんでもなく、発見が続く人の実感なのだと思います。発見が続く人というのは、自分がわかっていないことがまだたくさんあるんだというのを実感として持つのです。

ところが発見がなく、もう自分はわかったという気になっている人は、自分が正しくてほかは間違いだときめつけてしまう傾向があります。発展性のない考え方になってしまう。

佐川道場のごく初期の写真　昭和 31 年頃

いずれにしても人間は変化していきます。変化しないと思っている場合は、ふつう知らないうちに退化しています。変化の仕方は基本的に自分で選べることであり、いくらでも新しい自分を創造していけるのでしょう。

そして、佐川先生は人間はいくらでも進化出来るということを身をもって示してくださいました。そういう意味で佐川先生は最期に強烈なメッセージを残されました。

亡くなる前日の稽古では、一週間前とは別人と言ってよいほど合気の感触がまったく変わっていました。その感覚は言葉ではとても表現出来ないほどのすばらしさでした。

私を三回も激しく畳に叩きつけたことも驚きですが、まさか、ご自分の命と引き換えに私の全細胞に合気を埋め込んだとは夢にも思いませんでした。かつて「やっと、どんなボンクラにも合気を伝える方法を見つけた」と笑いながら私に言われたことがあり、何のことだろうと思っていましたが、今思えばこのことだったことがわかり、佐川廣さんが言われたように、佐川先生を一生懸命念じて、本気で合気の修行をしようと気持ちを新たにしました。

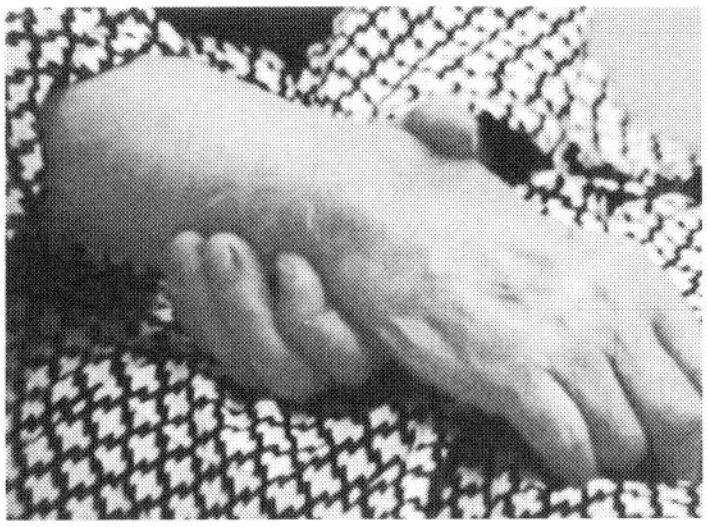

佐川先生の手（左は 80 歳、右は 90 歳の時、手が鍛錬で大きくなっている）

足の合気

先生の足を諸手でつかむが、足の合気により倒されてしまう。
合気佐門会の温泉旅行にて
（浅間温泉　昭和 61 年 8 月 17 日）

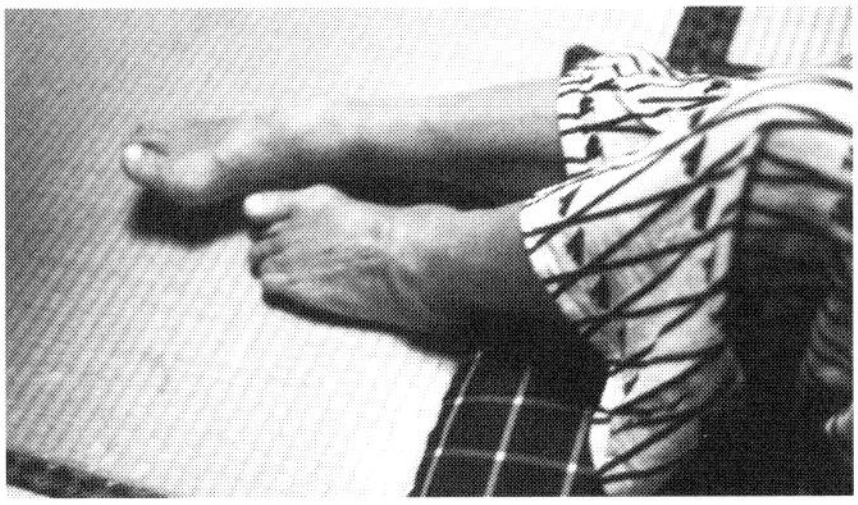

二刀で制する佐川先生

四方投げ

第四章　佐川先生の顕彰碑と津本陽氏の遺作『深淵の色は　佐川幸義伝』

私は平成二五年十月十四日におこなわれた大東流合気佐門会の臨時総会以来、二代目の合気佐門会理事長になり、佐川先生の次男で障害をもつ佐川敬行《よしゆき》さんのお世話をする立場になりました。

敬行さんは平成二七年九月二五日に亡くなられました。思ってもいなかったことでしたが、佐川家は菩提寺との縁が切れていたため、どこでお葬式をやるかで大変困りました。

門人仲間と色々相談していたのですが、仲間のひとりに、石井さんという易が出来る方がいて、どこに頼むと良いかと易をたててもらっていた時、突然、作家の津本陽さんの名前がひらめいたそうです。

それで早速、津本さんに頼むとどうなるかを易で見ると、この世界の人事を超えた大きな立派な卦《け》ばかりが出て、「津本さんに頼めば、未来永劫《えいごう》に、最高に権威ある祀《まつ》られ方をします」ということでした。

津本さんに電話すると、「うちは浄土真宗です。佐川先生は真言宗ですよね。私は真言宗のお坊さんは一人も知りません。でも幼稚園時代の友達に薗田香融《そのだこうゆう》という浄土真宗の僧侶がいるから、一応聞いてみます」とのことでした。

その薗田さんの弟さんの京都大学教授時代の教え子が、高野山の宗務総長みたいな役をしていたのですが、長い間体調を崩して病院に入院していたので、ずっと電話がつながらない状態だったそうです。

「今まで、なんど電話かけてもつながらなかったけど、試しにかけてみるわ」と言って薗田さんが電話をすると、相手がすぐに電話に出て、こう言ったそうです。

「別の病院に転院するための移動する車にいる。十分で着くので、もし電話がわずか十分でもずれればまったくつながらなかった。こんなタイミングで電話がつながったのは、絶対何かがあると感じた」。

津本さんは、その言葉を聞き、神仏を信じ修行してきた人の感性のするどさと、偶然とは思えないつながり方に、鳥肌が立つほど驚いたそうです。

津本さんは、顔を紅潮させ、鳥肌が立った左腕をなんども撫でながら話してくれました。

結果は、すべてがうまくいきました。

そのおかげで、品川高輪《たかなわ》にある高野山東京別院の本堂で盛大にお葬式をあげることが出来ました。

佐川家のお墓は東京都の小平霊園にありました。私は佐川敬行さんの前で公証人立会いのもとで正式に祭祀承継者になっていました。これでお墓の問題は無いと安心していたところ、敬行さんの納骨の際に、霊園事務所から「木村さんはご家族ではないので、一代限りです。そのあとは、お墓は無くなり無縁仏になります。でも木村さんがお墓をほかへ移すことは出来ます」と言われたのです。これには焦って、お葬式をやって下さった高野山東京別院へ相談に行きました。その時お寺から「円融塔に永代祭祀をした上に、佐川先生の顕彰碑を建てるというのはいかがですか?」と提案していただき「それは素晴らしい！　是非御願いします」ということになりました。

顕彰碑は庵治石《あじいし》の立派なものが出来ました。顕彰碑の裏に書かれた碑文は、

「佐川幸義先生は　後に武田惣角先生の教授代理となった佐川子之吉の長男として
明治三十五年　北海道湧別に生まれた
十歳から大東流合氣柔術を武田先生より伝授され　昭和十四年には唯一の

正統総伝の免状を授与された
昭和二十九年に武田宗清・時宗兄弟の推薦により武田先生の跡を継いだが
後に宗家を返上し正伝大東流合氣武術宗範となる
東京都小平市で平成十年三月二十四日に九十五歳でこの世を去るまで
修行と指導に専念した
合氣とは氣を合わすと訓じ　宇宙天地・森羅万象の全ては融和・調和により
円満に滞りなく動じているが　その調和が合氣である
佐川先生の極めて実戦的な武術はこの合氣に基づいており　如何なる激しい
攻撃も瞬時に無力化し制してしまう
晩年には佐川先生の存在が合氣と一体になり　繰り出される合氣の技は正に
神業であった
努力・鍛錬・研究・工夫を生涯絶え間なく続け　身を以て人間の大いなる
可能性を示した偉大な業績を讃え　ここに顕彰するものである
平成二十八年三月二十四日　大東流合氣佐門会　理事長　木村達雄　建之」

というもので、将来、本物の合気を会得した人が出てきて、この碑文を読めば、佐川先生は本物だった、とわかると思います。

平成二八年三月には顕彰碑の除幕式がおこなわれて、津本陽さんもそこでお話をされました。

佐川先生の顕彰碑　高野山東京別院

この時はどう出版の木村郁子さんも取材に来られて、季刊『道《どう》』一八八号に記事も出ました。

津本さんは高齢のせいで歩くのも大変で、体力の衰えは目に見えるほどでした。津本さんは、易に関して、時どき石井さんに電話していたのですが、顕彰碑の除幕式の時、

「石井さんに佐川先生のことを話すと元気が出てきて、新たな視点で色々書ける気がしてきます。また石井さんに電話をしてお話しても良いでしょうか？」と、わざわざ電話をかける日と時間を尋ねました。

その津本さんが、悲痛な声で石井さんに電話をかけてきて、涙ながらに言ったそうです。

「私は佐川先生の合気について納得出来るものが書けませんでした。

私があの世に行って佐川先生にお会いした時、先生に申し訳なくて頭を上げることが出来ません。それが一番辛いのです」

それに対して石井さんは、力づける言葉を言うしかなかったそうです。

「だったら納得出来る合気の本を是非書いてください」

しかし津本さんは『合気の謎』を解明しなければ合気の本を書くことは、絶対に出来ない」と答えたそうです。津本さんが考える合気の謎とは、「武田惣角先生も佐川先生も合気を世間に見せないことだ」と言うのです。

「武田先生は道場すら持たなかった。普通あれだけの技が出来ればこういうものがあると世間に披露して名声を上げることが出来ると思うのですが、佐川先生も武田先生もそれをしなかった。その理由がわかれば、合気の達人の思いから洞察していくことが出来る。でも、もう今となってはそれを聞くことが出来ない」

「易で良ければ、なぜ佐川先生が、合気の玄妙な技を世間に公開しなかったかを観てみますが」

津本さんは、石井さんの提案に興味を示した。

石井さんは、もしかしたら、佐川先生は自分の実力に自信がなくて世間に出なかったのかもしれないと一瞬思ったそうですが、易の卦《け》を見て驚いたそうです。

その答えには、佐川先生の合気に対する価値は、最高の理想であり、囚われない意識と最強の強さを示す卦が出たのです。

「佐川先生は合気を『理想の武術であり、天心無心で追求するべきもので、これ以上のものは存在しない。本当に最高のものである』と心から思っています。そして先生は社会や人の評価を意識していません。己を磨く修行なのだから、世間にどうこうしようという気にならない。どんなに肉体が強くても、肉体は三次元の戦いにすぎません。見えている肉体に囚われない、無限の視点で合気を見つめることが、武術に限らず、狭い三次元の囚われからの解放を可能にするのです」

この易の卦の説明を聞いた津本さんは、どこまで納得されたかはわかりませんが、『深淵の色は佐川幸義伝』という題名で小説を書き、その全十章がインターネットに掲載されることになりました。

こうして石井さんとの会話が、津本さんに合気の本を書かせることになったのです。

津本さんは、すでに佐川先生の伝記『孤塁《こるい》の名人』や『大東流・佐川先生の俤《おもかげ》（剣豪夜話第九話）』で佐川先生のことを書いているし、私も『透明な力』や本書『合気修得への道』で佐川先生のことを書いています。津本さんが佐川先生の小説を新しく書くと言っても、これ以上一体何を書くのだろう、と心配になりました。

どうも津本さんは、私が新しい情報を出しさえすれば色々書けると思っていたようで「資料をたくさん提供してほしい」と言われましたが、これには困りました。

なぜなら第一章は、津本さんに佐川敬行さんの葬式を相談すれば、佐川先生が未来永劫、極めて格式の高いところに祭られる、と易に出た話から始まっているのですが、第二章ですでに書く内容が枯渇してしまい、残りの八章分の資料に一体、何を提供したら良いのか、とすごく悩んだからです。津本さんは、こちらから提供される資料を待っていて、資料を見れば筆が進むと話していました。しかし書く内容については、こちらに任せるという感じであったので、私は途中何度もこれは無理かな、と思いました。それで石井さんに「易で見て無理だ、と出たらもうやめよう」とまで言ったのです。ところが何と易では、「この本は出すべき本である。みんなで協力すれば書ける。ただし急がなくてはいけない」と出たのです。

それで佐川先生の門人仲間に協力を要請して原稿を書いてもらうことにしました。第二章を書いている時に、津本さんの調子が悪くなり、三ヶ月くらい筆がまったく進まなくなってしまったので、石井さんの整体療法の師匠に頼んで、津本さん宅での訪問治療を月一回程度、やっていただきました。津本さんは「治療するとすぐに頭が冴えて元気になり、書ける状態になる」とこの治療を喜んでいました。

この第二章については、門人仲間からは、「面白いけど何がテーマだかわかりにくい」という意見がありました。

第三章のテーマをどうするべきか易で見てもらうと「佐川先生の宗家継承」と出ました。急に焦点がはっきりして、出すべき資料が明確になり、宗家関係の資料を集めて、スムーズに書いてもらえるようになりました。

そこで第四章のテーマについても易で見てもらいました。そうすると、石井さんが笑いながら『ぼんくらな弟子に悩む師』と出ました」と言うので、「それは私のことだな」とピンときて、これも資料が一気にそろったのです。

出版社は最初の頃、「連載途中で打ち切りになることはよくあります」と盛んに言っていましたが、第四章を終わった頃からウェブでのアクセスがすごく増えていきました。

五章になってからは、出版社にも力が入ってきて、何回も詳しい校正が入るようになりました。

第五章や第六章は門人たちから見た佐川先生というテーマで、最初はみんなが書いた大量の原稿をそのまま津本さんに送りました。しかし、なかなか津本さんの筆が進まない様子だったので、状況を伺う電話をかけると、「積み重ねて置いてはあるんですけどね」と言われてしまいました。そこで私が全員の文章を読んで、同じ内容は省いたりして津本さんが書きやすいように資料を整理したら、また津本さんの筆が進むようになりました。

第七章は、佐川先生の活法《かっぽう》や治療をテーマにしましたが、これがなかなか大変でした。しかしこの章をまとめることで、「佐川先生が鍛錬でいかに身体を壊してしまい、またそれを自分で工夫して治していったか」がよくわかり、深い感銘を受けました。

第八章は佐川先生が武田惣角先生の合気を大きく発展させたことがテーマで、武田惣角先生については、佐川先生が色々記録を遺されていたので、それに基づいて津本さんへの資料を作成しました。

第九章は、佐川先生の小児麻痺の息子さんのことがテーマで、直接敬行さんを施術したり話をしたりした門人が中心となって資料を作成しました。佐川先生が息子さんのために家から動けなかったということが改めて理解出来、佐川先生が息子さんの将来をどんなに心配していたかを改めてはっきり理解することが出来ました。

また佐川先生は、家から動けなかったことにより合気の研究が進み、合気を大きく発展させることが出来た、と知りました。何が幸いするかは後になってみないとわからないと思いました。

最後の章は易でないとわからないような、それこそ『深淵の色は』のタイトルにふさわしい内容です。だいぶ以前から「易で見ると佐川先生の前世は有名な剣術家だ、と出ているが、誰だかわからない」と石井さんが言っていました。そこで門人が、剣術家の名前を色々言って石井さんに占ってもらっていたのですが、なかなか、わからなかったのです。伊藤一刀斎ではないか、と易に訊いてもらうと「一刀斎に剣を教えた人」と易に出たのです。一刀斎の先生ならば鐘巻自斉《かねまきじさい》なので、それを訊いてみると、「違う、鐘巻自斎に教えていた」と出ました。

「鐘捲自斎と佐々木小次郎の先生で、富田勢源《とだせいげん》という武術家がいました。もしかすると、佐川先生が富田勢源で、伊藤一刀斎の本当の先生だったのではないでしょうか？」

と門人が尋ねると、富田勢源の名前すら知らなかった石井さんは、次のように話しました。

「指導者の卦がでましたので、佐川先生は、前世で伊藤一刀斎の指導者だったことを示しています。

富田勢源は、性格が控えめで、教える相手も少なく、人を選んで教えていました。魂が幾久しく長期的に離れずにつながっているという意味を示す卦と同時に、品格の深い自我を出さない気性が出ています。

幾久しい、と言う意味を持つ『雷風恒《らいふうこう》』と天空や無限な時空を意味する『水天需《すいてんじゅ》』の組み合わせは、数世紀を超えるほどの時間の長さを示します。雷風恒の卦だけでも永遠の意味がありますが、そこに天空の星の動きを想像出来るほどの水天需の卦が組み合わされていることから、永いつながりを易は示してきました。まさに、易では、佐川先生は富田勢源の生まれ変わりで、佐川先生と富田勢源は同一の魂だと出ました」

富田勢源を調べると、佐川先生との共通点が多いことに気付きます。富田勢源は眼病をわずらい家督を弟に譲ったのですが、佐川先生も生まれつき片目が悪くて徴兵検査で「家を継いだほうが良い」と言われて徴兵免除になったところも似ています。

私たちは、富田勢源の資料を作成して津本さんに提供し、これで良い原稿が出来ると喜びました。ところが出版社は、「富田勢源の名前を出して、佐川先生を引き上げる必要はないのでは？　富田勢源の話は出すべきではないと考えます」と富田勢源について書くことに反対しました。その意見は常識的で当然なものでした。

私たちがあきらめかけた頃、突然、北國《ほっこく》新聞から津本さんに連絡がありました。「以前津本さんが北國新聞で書いた富田勢源の本を出すから原稿をさらに書き足して下さい」とのことでした。その二日後には津本さんの元に以前書いた富田勢源の本が届きました。そのタイミングに津本さんは驚き、「これは佐川先生からの『書きなさい』というメッセージに違いない。私は富田勢源について書きます」と言い出しました。富田勢源について書くという津本さんの思いは非常に強くなり、出版社も富田勢源の話を出すことを認めざるを得なくなりました。津本さんは、張り切って原稿を書きましたが、結局、出版社の意向により、私たちが提供していた多くの富田勢源に関する内容は採用されませんでした。

そこで『深淵の色は』で削除された富田勢源に関する内容の一部を、今回本書に掲載することにしました。

つぎに合気について易の視点を参考までに書いておきたいと思います。

真実かどうかを証明出来ない易の視点を、どこまで信じられるか、当たるか当たらないかという事は別として、一つの説としてそういう見方も出来るのかと気楽に読んでいただき、みなさんの研究の参考にしていただければ幸いです。

津本さんの小説にも、富田勢源と梅津某の立ち合いの様子が描かれています。易によると、富田勢源と梅津の実際の立ち合いでは、梅津は合気で動けなくなり、手も足も出せなくなり、梅津は何が起こったのか理解出来ないまま、勝負は一瞬で終わっていました。


また易では、「合気は高次元に存在していて、それまで人間世界には存在していなかった。しかし富田勢源の才能とすさまじい努力により、多くの人間が認識出来なかった合気が、人間が認識出来る形で人間世界に体現された。しかし富田勢源のあとは、本当の合気（坎為水《かんいすい》の合気）は薄れていった。それでも内容の浅い『合気もどき』（水沢節《すいたくせつ》の合気）としてではあるが、途切れることなく、何とか合気というものの存在が伝えられてきた」と出ました。

ところで、武田惣角先生自身は、佐川先生の目の前で、会津の同郷の板橋林三氏を立たせて、両手を掴ませて合気で色々投げて、「これは保科近悳《ほしなちかのり》さんから教わったものだ」とはっきり言っています。合気は保科近悳（会津藩家老の西郷頼母）から教わったと明言しているのです。

これは、私が『透明な力』を書く時に、佐川先生から直接詳しく話を聞いたのですが、佐川先生ご自身も『武田大先生の記録』を書き遺されていました。その最初の頁に書いてありますので、それを左の写真で紹介しておきます。

昭和三五年五月一日発行の大東流合気武道第五号に、武田時宗氏が、「日光東照宮にて」と題する文章で武田惣角先生と保科近悳氏の関係を次のように述べています。

「日光の東照宮はあまりにも有名でつねに観光客で賑っているが、東照宮は大東流と深い因縁がある。維新後、藩が廃止となったため会津の藩主であった故松平容保氏が東照宮の宮司となったが、この時会津藩の家老であった故西郷頼母氏（後に保科近悳と改める）が副宮司となった。氏は、父が幼少の頃、祖父の武田惣右ヱ門から大東流を習ったのである。私が各地の父の高弟であった先生たちをたずねて指導を

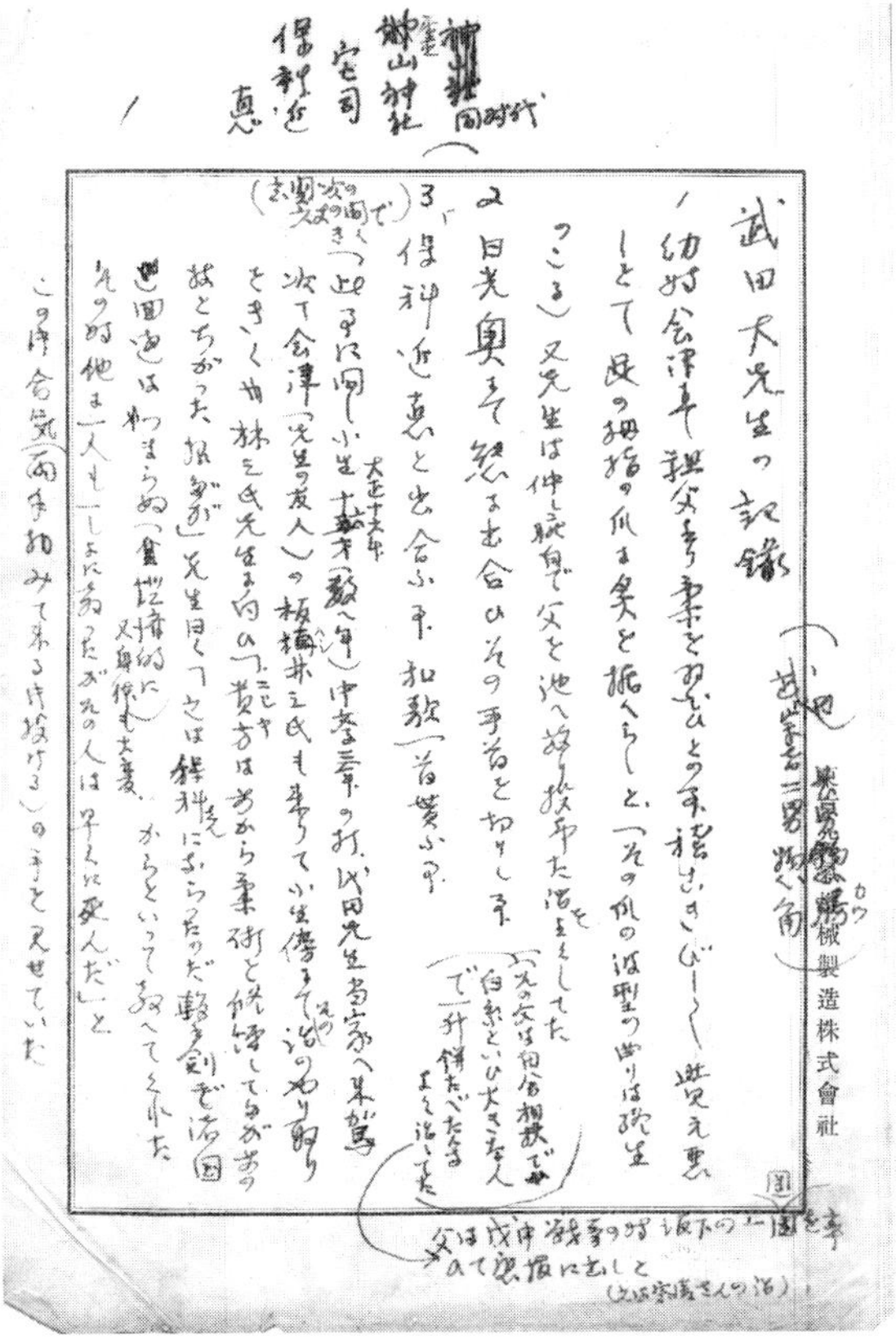

受けながら大東流を研究しているように、父も保科氏を日光にたずねて、大東流の指導を受けるとともに会津藩魂を入れられたのである。

父は非常にお茶が好きで、いつもよいお茶をのんだものであった。父のお茶好きは、保科氏の影響である。おいしい水でなければお茶がおいしくないというので父は、険しい裏山を遠く降りて水を手桶に汲んだのであった。何しろ険しい山であるうえに道とてないので折角汲んだ水も半分以上もこぼれたものである。

保科氏が大変喜んで父が苦労して汲んだ水をわかして心からおいしそうにしてお茶をのんだということであった。このように一心に保科氏に仕えて大東流を修行した父は、精神的にも大いに鍛えられたのである」

佐川先生は「二十歳の頃、たまたま武田惣角先生の戸籍に平民と書いてあるのを見た」と言われていたので、平民が家老を指導出来るのか、という素朴な疑問が生じます。

さらに佐川先生は、『透明な力』の三章で、「西郷頼母の写真を見るととても合気をやったとは思えない。鍛えた人とそうでない人はすわった時にも見た感じに違いが出てくるのだ。少し位は形を教わったかもしれないが、やはり武田先生が考えたものだと思う」と言われています。

そこで易ではどう出るかを見て貰いました。

「武田惣角先生の祖父の武田惣右ヱ門《そうえもん》は農民であったが、当時、農民のなかでも、食べていくため武士のふりをして武術を教えている人がいた。頭も良く器用な惣右ヱ門は足腰が強く力自慢で自分には武術の素質があると思い、武術の修得を意識した。ある時若い保科近悳は家族と共に、会津藩に関係する人が運営する道場にやって来た。保科家はそこでとても歓迎されている。そこに惣右ヱ門がいて、自ら望んで保科近悳に親しんでいった。惣右ヱ門は保科近悳へ近づく野心的な想いもあって、どのように指導しようか日々探求している卦が出ている。そのような関係から惣右ヱ門の孫の武田惣角先生と保科近悳はお互いに親しくなった。保科近悳は口頭で合気の情報を武田先生に与えているが、身体を使った稽古は余りしていない。保科近悳は合気に興味を持っていて、弱い人や女性には簡単な合気の技を利かすことが出来たが、身体を鍛えていなかったので、理想の合気はとれていなかった。佐川先生が書き残されたとおり、武田惣角先生に『合気の基本』を教えたのは、保科近悳でした。武田先生は武術で鍛えた感性を基にして、色々な情報を取り込み、合気を発展させました。

陰陽道《おんようどう》の修行をしていた易師の中川万之丞から得ていたのは、密教的な情報でした」

なお中川万之丞が武田惣角先生と接点があったというのは、池月映氏が色々現場を訪ね歩いて調査をして発見したとのことです。

以上のような内容を易からの情報として津本さんに提供しましたが、出版社の意向もあって採用されませんでした。このまま話が消えてしまうのはもったいないので、参考までに、ここに記しておきます。

津本さんは第七章まで書いたあと、第八章より先に、もっとも重要な締めの第十章にとりかかりました。しかし出版社とのやり取りも大変で、第十章は何回も書き直されました。

もともと出版社は易の話を載せることに対して極めて慎重で、出版社の人、津本さん、そして私のあいだでも何回も議論が繰り返されました。そんな時に、津本さんが私に電話をかけてきて、「ただ易のことを書くのではだめで、木村さんが易に興味を持つようになった体験を書く必要があります。その一番の理由は何なのですか？　それを書かないと第十章を書けません」と言いました。

実は、本筮易《ほんぜいえき》の中根光龍氏の合気に関する易の言葉が私の宝物であり、指針であり、それは私の大切な秘密だったのです。それは公開したくないと思っていたのですが、公開せざるを得ない状況になってきて、これは大いなる意志によるのかな、と思い遂に津本さんにその資料を渡しました。津本さんは、すごく喜びました。出版社の人と私が津本さんの自宅に集まった時に、第十章の内容はこれで良いと言うことになり、津本さんが奥様に「お祝いするから、和歌山のおいしいお酒を持ってきて」と言って、三人で乾杯しました。

そして次に第九章で息子さんのことを書き、最後の第八章を書いて、それがウェブに公開されたのは平成三十年五月一日でした。津本さんは、『深淵の色は』の締めの文章を書いたあと倒れて病院に入院されましたが、同年五月の二六日に急逝されました。『深淵の色は　佐川幸義伝』は津本さんの遺作となりました。

ご家族の同意を得て、第九章と第十章が同時にウェブに掲載されたのが、七月三日、佐川先生の一一六歳の誕生日でした。津本さんが佐川先生に初めて会ったのが、三一年前の佐川先生の誕生日であったので、何か不思議な縁を感じます。

津本さんは、毎回、左の文藝春秋が撮った佐川先生の写真に語りかけて小説を書いている、と言っ

佐川幸義先生（85 歳）
先生の手や足から先生の鍛錬のすさまじさの一端を垣間見ることが出来る。
昭和 63 年 4 月 15 日　（文藝春秋の今井仁史氏撮影）

ていました。話しかけると佐川先生と心が通じて色々書ける気がしたそうです。

私は門人仲間に、「合気についてそこまで出しても良いのですか？」と何回も言われましたが、自分が将来生まれ変わってきた時に、この津本さんの小説をヒントに合気を研究出来るようにしておこう、という気持ちでした。

「整体の施術を受けた後は三日間、頭が冴えて一気に原稿が進む」という津本さんだったので、施術後に「今日からすぐに原稿にとりかかってください」と電話で頼みました。津本さんは私には直接何も言わないのですが、私から急《せ》かされると、それが、かなり不本意だったらしく、石井さんに電話をかけて、原稿を急かす理由を、かなり感情を乱しながら聞いていたと言います。

「いったい何で木村さんは、そんなに急かすんですか？　急がなくてはいけない理由があるのですか？　私はほかの出版社の仕事もあって忙しいのです。そんなに急かすならば、もうこの本を書くのは、やめると言いたい」

私は、「津本さんは、急がないと書けなくなる」と易で知らされていました。それで出版社に対しては、第八章よりも先に、締めの第十章を完成させるように頼んでいました。また整体の先生からも、「出来るだけ早くこの本を書き終えないと、津本さんは最後まで書けなくなってしまいます」と言われていました。津本さんは、整体の施術で具合が良くなるとほかの原稿を書き始めるので、「急いで下さい」と言わざるを得ず、なかなか辛いものがありました。

しかし『深淵の色は』の原稿の完成が見えてきた平成三十年三月、津本さんは「これで佐川先生も納得してくださる」と安堵した表情を浮かべていました。

第五章　合気について

一般に物理的な原理で効くように作られている技は別として、合気の技は、身体の一部だけ触れて全体を倒す、という特徴があって、それを物理的な原理でやると無理があって、頑張られた場合に、なかなか効きません。関節技と考えれば、初心者にはある程度は効く面もありますが、合気の技はやはり合気の原理に基づいて作られているので、合気がわからないと厳しいものがあります。

佐川先生はその合気の原理を合気上げからつかめとヒントを与えて下さっています。「誰も本当の合気上げが出来ていない」と言われたので、「本当の合気上げとは何ですか？」と聞くと、「上げた時に相手の機能を消してしまうもので、手が上がっても相手の攻撃能力が残っていれば、まだ本当の合気上げではない」と言われました。これは極めて難しいものです。佐川先生は合気上げが一番変わり続けた、と言われましたが、合気が発展し続けたということだと思います。

この本を最初に書いてから十年以上がたちました。そして私の合気についての考えも、現在ではまったく変わってしまいました。

色々意識の変化もあって、どんどん変わっていきました。

その頃は、合気とは「人体の防御システムのスイッチを切る技術」などと書いたのですが、そのように相手を狙うとか、やってやろうとか、そういう肉体へのこだわりがあるうちは、なかなか佐川先生に近づくのは難しいということを最近感じるようになってきました。

今は、そのこだわりをいかに無くしていくかが課題です。

真剣勝負では恐怖心を持ったら、自分の力は発揮出来なくなり、やられてしまいます。どんな事態になっても平然としていることが理想です。

合気はもちろん技術がありますが、その先には意識の重要性が現われてきます。焦ったり力んだりしていては、技術も有効に働きません。

佐川先生には透明感がありましたが、きっと合気の透明感や意識の透明性も追求されていたのだと思います。

佐川先生が怒ると、世の中にこれ以上恐ろしいことはない、と思うほどでした。ですからその頃は本気で怒るから恐ろしいのだろう、くらいに考えていました。

ところが、私がある武道家を合気上げで抑えてしまった時、その人はむちゃくちゃ本気で怒っていたのに、私のほうはまったくどうもなく、遠くでおじいちゃんがわめいている、という感じがしていました。ではなぜ佐川先生はあれほど恐かったのか、と思い色々実験をしてみました。

そしてわかったのは、本気で怒ると本人のエネルギーが下がってしまい、相手は影響を受けないのです。怒りは恐れの表現とも言われていて、恐れている状態というのはエネルギーが低いのです。逆に心を光で満たすような状態にしてエネルギーを高めて、教育的に叱る、という感じで怒ると、エネルギーが爆発したみたいになって、相手は影響をものすごく受けることがわかりました。

要するに、佐川先生が怒っている時も、本当は心の中は光で満たされているような平常心だったのだ、とわかりました。

佐川先生は、「突然平常心になる、ということは出来ない。普段から平常心を心がけないといけない」と言われておりました。

本当に合気を武術として突き詰めていくと、戦いの中での悟り、に近づくのであって、平穏な中での悟りよりも大変なことに気付きます。

佐川先生は、「武術はほかに頼らないで、武術そのもので心も磨いていくべきだ」という考えでしたが、それも究極的には人間修養の道につながっていきます。武術には口でごまかせない厳しさがあります。


「歳をとればとるほど合気は進化する」と佐川先生に言われましたが、どんなことでも無心に継続するなら、時間経過を辿る中で、必ず変化を起こします。何でもやり続ける経験を通して、人は意識も変化し続けることを、合気の探求を通してしみじみと理解するようになりました。

私はこの本を書いた頃、勢いがさかんで、道場稽古の中で、技がすごくなるにはどうしたら良いかということばかりに意識が行き、相手を倒すという視点で合気を捉えていました。

しかしそれもある意味ではまだ中途半端で、相手を倒そうと勝とうと思うことによって、力みが生じて技が効きにくくなります。さらに深く求めていくと、どんな危険な瞬間にも慌てないで平常心でいることの大切さに気がついてきます。どんなに危険な時でも、無心でいられるほうがより良い状態であるし、調和していられるほうがより上の段階であることに気が付きました。


技をやってやろうという意識には、天心、無心、無邪気な心がない。無心がないところには調和はない。やっと最近になって、合気の本質は、相手と自分、宇宙と自分が分離せず、調和していることにあり、中庸、調和が究極的な目的だとわかるようになりました。そのほうが強いのです。

佐川先生は生前、調和が大事であるとは、一言も話されなかったのです。しかし道場に掲げられ、門人が毎日目にする道場訓の中には「調和」の言葉がありました。佐川先生は「あれは私が適当に書いたものだ」と軽く流されたので、私は先生の言葉を額面どおりに信じてしまいました。佐川先生は、一番大事なことを、皆の目に付く場所に置きながら、一切そのことに触れずに指導されていました。佐川先生らしい、教え方でした。

調和の大切さについて、佐川先生がたくさん書き残されていたことを後に知りました。「自分自身が森羅万象と調和していくのが、合気修養の道だ」と書かれていました。それは無限の道であり、簡単なものではありませんが、人間のめざすべきものだと思います。

佐川先生は、「六十代では、どんなにすごくたって大したところまでいかない。宮本武蔵ももっと長生きしていたら違っていただろう」とおっしゃっていました。今やっと私は七十代になって、合気の進化の道のりが、永遠に続く自分自身の修養と思えるようになってきました。

かつて幸道会の井上祐助師範が佐川先生を訪ねてきた時に、「佐川先生に会う前に、北海道北見市で佐川先生の教えを受けた自転車屋の秦榮幸さんに『佐川先生の技はどんな感じでしたか？』と聞いたら『とにかく速くて痛かった』と言っていました」と私に話されたことがありました。

佐川先生も「三十代の頃は荒かったね。腕の一本も折ってやろうというつもりでやっていたし、今と違って必ず極めた。四方投げでもビシっと極めてしまう。とにかく、どんな者でも三ヶ条や四ヶ条で極めたし、受けを取るほうは痛くて大変だっただろう。昔はやくざとか顔に切傷のあるのが『教えてくれ』と来たが、手を折らんばかりに痛めつけたから翌日から来た者はいなかったね」と言われたことがありました。

「今思うと、若い頃は合気と力でやっていたね」とも言われましたが、ずいぶん先生の技も変わられたのだな、と思いました。

佐川先生の合気は、七十代から九十代まで私の知る限り毎回のように変化され続けましたが、その中でも時々大きく変化されたことが何回かありました。

佐川先生の合気は、八十代から九十代の変化が歴然とするほど進化されていました。

佐川先生の七十代から九十代にかけての合気の進化を易ではどう出るかと尋ねたものがありますので、それを書きます。

「佐川先生の七十歳代の合気は、敵と調和して、柔らかく技をかけていました。合気が完成し、かなり出来ていましたが、上手く行かない時、出来ない時があり、『苦悩』『未完』『不本意』の意識が卦に出ています」

「佐川先生の八十歳代の合気は、敵の強い力を抜いてしまい、敵の体を変化させ、浮かせてバランスを崩していました。出来なかったこと、失敗したことが原動力となって進化し、多人数掛が変わりました」

「佐川先生の九十歳代の合気は、最高の純粋の意味を持つ乾為天《けんいてん》のレベルまで上がりました。八十代の時のレベルと質がまったく異なる完璧と言える合気でした。佐川先生の心は、無人無物、永遠の境地にあり、技はまったく力を使わず、意識だけでかけていました。相手は、乾為天の力に呑み込まれ、天地の交流を相手の身体上で止めてしまい、陰陽を逆転させ、生命エネルギーと魂を抜かれた。体だけが物体としてそこにある状態にする技だった。その域まで達しても、佐川先生は、何回も初心に帰り、地道な努力を続けた」

佐川先生が亡くなられてからの話ですが、易の中根先生が、初めて合気の卦を見せられた時に、「この佐川先生はあの世でも大きく二段階、進化されていますね」と言われました。

私は、「亡くなってからもさらに進化するとは、すごい話だな。一体どんな合気になっているのだろう？」と思いました。

以上は、易によるものですが、先生の進化の本質を捉えていることに驚きます。

次に私の実際の体験から感じた、対応する先生の合気の進化を書いてみます。

佐川先生が七六歳、私が入門して二回目の稽古の時には、「二、三間は飛ばすことが出来るが、投げられるほうが飛ぶ気があるから、あんなに大きく弧を描いて飛ぶのだ。六十キロも七十キロもある人間が飛ぶわけがないくらいのことは、ちょっと考えてみればわかる。それに飛ばしたら損なので身近に集めてしまうのだ」と言われていたのです。しかし後には、先生の技が変わられて、本当に吹っ飛ばされるようになってしまいました。

私の二元直伝講習一回目は佐川先生が七八歳の時で、最初に一時間以上にわたって投げられ続けましたが、音も無くすっと動き、その場でさっと倒される感じで、静寂さと滑らかさがすごく印象的でした。まったく抵抗出来ずに流れるように倒されてしまう、という感じでした。

上の写真は佐川先生が七四歳の時の写真です。中国武術研究で有名な松田隆智さんの本のために撮った写真の一枚と思われます。

佐川先生は、八十歳代のある時から、投げる時の迫力が急激に強まり、わずかな動きで畳に叩きつけられる、という感じに変わってきました。今までな

かった「吹っ飛ばされる」ことが多くなってきました。自分から飛ぶとスピードが遅くて必ず弧を描くのですが、すさまじい勢いで飛ばされるようになってきました。何か特殊な鍛錬でエネルギーがすごく上がったのかと思っていましたが、易によれば、その頃から、さらに力を使わなくなってきている、ということで意外でした。

不思議なことですが、佐川先生に激しく投げられたあと、ものすごく元気になるので、稽古のあとに疲れるということはまったくありませんでした。これは剣道でも合気道でも経験したことがありませんでした。普通は稽古のあとは、疲れて少し休む必要がありました。

上の写真は佐川先生が八十歳代の写

真で、二人が重ねられて動けなくされています。
私は上になっていますが、身体の力が抜けて動けないのに、自分の重さが何倍にもなって、下の人を抑えているという不思議な感覚がありました。

佐川先生は八七歳の頃に心筋梗塞で一ヶ月、東大病院に入院されましたが、退院してからの合気の進化は目を見張るものがありました。九二歳の時に「退院した頃と今では、まったく違う合気に進化した」と言われています。
佐川先生の合気は、八十代から九十代の変化が歴然とするほど進化されていました。

佐川先生は九十歳代のある時、「私自身が合気になった。今までは合気をかけていたけど、すっかり変わってしまった。こうならなければいけない」と言われましたが、まったく次元が変わってしまい、どう掛かっていっても、まったく歯がたたなくて吹っ飛ばされてしまうようになりました。

左の写真（上）は佐川先生が九三歳の時、津本陽さんが訪ねてこられた際に新潮社のカメラマンが撮った写真です。「足をつかんでみろ」と言われて思いっきりつかんだ写真で、すでに合気で崩されています。
下の写真は、その直後に畳に水平に吹っ飛ばされたものです。写真の佐川先生から、全体のエネルギーがすごく強くビシっとしていることがわかります。

足の合気

私が先生の右足にしがみつくが、足の合気で浮かされてから吹っ飛ばされた。

平成８年４月19日　(小説新潮の土居誉氏撮影)

平成9年1月　94歳

平成10年1月　95歳

右上の写真は佐川先生が九四歳の年の新年会で撮ったものです。易では、この時に完全な合気の身体になったと出ていますが、佐川先生もこの頃「身体が合気と一体になった」と何回か言われました。身体が八十代の時よりビシっとしているように見えます。

佐川先生はこの頃、「久しぶりに『透明な力』を読んで、武田惣角先生の手の大きさと重さを思い出した。色々考えて鍛え方がわかったから、数年以内に手を大きく重くする」と言われました。そして左上の写真がその一年後の九五歳の時の写真です。亡くなられる数ヶ月前のものですが、手が実際大きくなり、存在感が非常に大きくなっています。

先生は「死ぬ頃になって合気がわかってくるのだから大変だ」と言われましたが、その頃にわかってきた合気というのは、また次元が異なる合気だったのだろう、と思いました。

先生が亡くなられて九年ほどたった平成十九年、前林清和君による神戸合宿で、ある不思議な現象が起こり、多くの人が見ている前で二回だけ、私は前林君に投げられてしまいました。

その一回目は、佐川先生の生前の投げ方そのもので、そこにいた森田純氏や菊本智之氏は、佐川先生が技をかけているように見えたそうです。

そこでもう一度、私は前林君の両手をつかもうとしたのですが、その瞬間何とも言えない恐怖を感じました。

「えい、ままよ！」と思い切って、両手をつかんだとたんに、真上に高く上がってしまい、落ちてきた時、この辺で手を叩けば畳だろうと思って思いっきり手を叩いたら、まだ空中にいて空振りしてしまい、肩から落ちてしまいました。

見ていた馬渕英之君によると、私は大きくのけぞったとのことで、自分の感覚とずいぶん違うと思いましたが、それはまったく経験したことがない投げられ方でした。

その夜、前林君が私のホテルに来て「あの時は、佐川先生が来られた気がしました。もう帰られました」と言うので、もう一度、前林君の手をつかんだのですが、今度はまったく何も起こりませんでした。あとで易で見てもらったら「佐川先生は憑依《ひょうい》したわけではなく、上の世界から意識を送った」とのことでした。

「佐川先生があの世で進化させた合気をこの世の身体で体験出来るとは！」と驚きました。

「一生死ぬまで修行」とはよく聞きますが、死んでも佐川先生の修行が続いていることを実感して、合気は本当に永遠の進化の道だと心から思いました。

佐川先生は私に、「あんたは生まれ変わらなきゃ合気はとれない」とよく話されていたので、私は、何としても今生に合気をとろうと思いました。しかし本当の合気、究極の合気は、遥か彼方の無限の道の先にあります。魂は、無限から無限の道を生き続けています。

しかし今になって思うに、先生の「生まれ変わらなきゃ」の意図するところは、実際に生まれ変わることではなかったのかもしれません。

生まれ変わっても意識が同じならば、すごいことが出来るとは思えません。普通に何回も生まれてくれれば、望むことが出来るというものでもないと思います。つまり、生まれ変わるという事は、意識が新しく変わるということです。今生きている間のどこかで意識を変えられるならば、生まれ変わるよりも可能性は上がっていきます。

佐川先生の意図するところは「生きていて、新しく生まれ変わったつもりでゼロからやり直せ」ということだったのでしょう。

意識が変わることとは、生まれ変わるのと同じ事だと言えるのではないかと思えるようになりました。実際、易によれば、佐川先生はどんなにすごくなっても「すべてゼロからやり直しだ！」と何回も思っていたそうです。それが止《とど》まることの無い進化の秘密なのかもしれません。

究極の合気への道は、未来永劫、永遠の道であり、生まれ変わったくらいで辿りつけるようなものではありません。合気の追求は、永遠のテーマだと思うようになりました。人間は、無限に進化していくことに存在する意味があります。無限の進化の道は、合気の道からも通って行けると思います。

最近、私はこのように考えるようになりました。何年か先の私は、また違うことを言っているかもしれません。今の考えが永遠に同じであるとは限りません。

第六章　佐川幸義先生の修行時代

――実弟・佐川廣氏談

佐川 廣

さがわ ひろし

1909（明治 42）年下湧別生まれ。1933 年3月、北海道大学工学部卒。 1936 年、早稲田大学法学部卒。佐川幸義師範の実弟。2002（平成 14）年1月逝去。

父・子之吉のこと

私どもの父は慶応三年頃、福島の農家に生まれました。七歳くらいの時に父親に死に別れ、幼くして丁稚奉公に出されました。たいへん苦労をしたんですね。その頃のことはあまり話してもらえませんでしたが。その後明治法律学校に行って巡査になりました。しかし肺を病んでやめざるを得なかった。それで二十歳前後の頃、開拓団体の一員として北海道に渡ったのです。明治十七、八年の頃でしょう。

まず札幌の知り合いの世話になり、その後、下湧別に行って雑貨商のようなことを始めたんです。それが良かったんでしょうな。みそ、米、呉服物など、なんでも売っていました。そこでそこそこ財を築いたんですね。

父・子之吉

それから私が小学校一年、兄（幸義）が釧路中学の時に父は札幌に出て質屋をやった。子供が六人おりましたから、学校へやるのに、札幌に居を構えて、札幌市内の学校へ行かせたわけです。兄は札幌第一中学校の三年に転入しましたが、その頃から武術が好きになって卒業しませんでした。

父はなかなか立派な顔立ちをしてましたよ。無信仰でしたが、心の底には神仏は敬うべきもの、先祖は大切にするべきものという考えがあったんではないでしょうか。お祭りがありますと、応分の寄付をしていました。我々に、もうすこしいいものを食わしてもいいじゃないかと思うくらいにね。命日にはお坊さんに御布施をあげていました。そういう気持ちの強い人でした。それだけに自分の良心に恥じるようなことはやらなかったですね。金儲けがあまりうまくない、お金を貸しても向こうがつべこべ言うと、金はいらんと言って帰ってきてしまう。借金をとりたててくるのはいつもおふくろでした。

また戦後、農地解放で土地を小作人にくれることになったのですが、その農地につづいている山林も小作人に解放しました。そういうふうな人助けをする、面倒見がよかったんですね。いわゆる「与える者は与えられる」という法則にかなった、父親は立派な生涯でした、昭和二五年二月二八日、いまの小平の家で八七歳で亡くなりました。

母・かつの

母親の名前はかつのです。母の生い立ちはよくわかりませんが、父とは十歳違いでした。父が明治の昔気質の人で、一文無しで北海道に渡って財を築くくらいですから、厳しい人でした。母は、父にあまり叱られるので、兄幸義と姉二人を背中と両手に川のほとりをうろついたことがあったといいます。堪え忍んで〃おしん〃のような状態だったようです。私たちはそんなことは知らずに、のほほんと育ちましたが。

母・かつの

母は私が修学旅行に行った時に、弟におみやげのつもりで買ってきたパズルのようなものを、どれどれやってみっか、と徹夜して、一晩で出来るようになった。あれには驚きました。もっとも雑貨商をやっている時は母親が一人でやっているようなものでした。仕入れは父親がやっていましたけれど。店のことはおふくろに一切まかせているような状態でしたからね。本当に記憶力のいい人でした。八四歳で亡くなっています。

兄・佐川幸義

父がまず武田惣角先生に習ったのですが、それは、北海道湧別で旅館を経営していた堀川泰宗（大東流幸道会堀川幸道の父）さんのところへ武田惣角先生が行って、堀川さんに技を見せたところ、堀川さんが習うという気持ちになり、一人だけではということで、村の同好の人を集めて習い始めたのがきっかけです。家の裏に小さいながら道場を造り、武田先生が家族と一緒に数年住んでおられました。

父は強くなりたいとかではなく、健康に良い、ということでやり始めたんです。しかし、武田先生の技はすごいが、自分にはとても覚えられないとわかった。結局合気が出来ないとだめだ、と。

家族写真
佐川先生七歳の頃
（左から二人目）

しかし父もかなり強くはなっていたようですがね（大正三年、子之吉は代理教授を許された編注）。私が大学の二、三年頃、当時七十歳近い父とやったことがありましたけど、私のほうがコロっと倒されましたから。

父は、身体の弱かった兄を鍛えるという意味で、幼い頃剣術などを習わせていました。武術をやるのが身体に良いと思っていたのですね。

剣道の防具も大人用と子供用があったのを覚えています。子供用のは兄のためで、相当高いものでした。我々が中学の時に買ってもらった剣道の防具は安い竹胴のやつでしたが、兄のは漆塗りの黒胴でした。

父はいわゆる雑貨商をやっていたものですから、わりあい豊かだったのでしょう。そんなことで自分も習い、子供にも習わせたんですね。

父は、教育にはたいへん熱心でした。兄がそろそろ小学校へ行く頃から、四書五経を習わせたんです。兄は漢文を全部覚えたのですよ。記憶力が良かった。

しかしある時兄はもう塾へは行かない、と言ったんだそうです。どうしてと聞くと、先生はほかの者に甘くして、おればっかりいじめる、と。覚えがいいから、兄だけどんどんすすんでいくからですね。

私が中学二、三年の頃、兄が「教育勅語書けるか」って聞いたんです。「いやあ、出来ない、兄さん出来るのか」って聞いたらね、出来る、と言う。「なら書いてみなよ」って言ったら、五十銭賭けるかと言うので、賭けた。そうしたら、教育勅語の全文をスラスラと書きましたよ。五十銭とられました。

教育勅語をそらで書くというのは相当な記憶力ですよね。それくらい頭が良かったのだけど、兄は武術のほうに出合ってからは、勉強に熱が入らなかった。それで中学校をやめて、東京へ来て物理学校にはいり、そっち方面の勉強をして無線伝士として船に乗ったこともありました。

この東京にいる時分も大東流を教えていたと言っていました。金をもらって教えたんだか、無料で教えたんだか知りません。なにしろその頃兄の武勇伝がたくさんありますからね。

若き日の武勇伝

当時、兄は体重は五七キロくらいで、わりときゃしゃで、色白で、骨も細い。一見、遊蕩児のような感じで、絹の大島絣の着物を着ていました。金持ちの若旦那という感じでした。声も良い声だったので、詩吟かなにかを下宿の窓辺で外に向かって歌っていた。家がたて込んでいるところですから、ある時、むこうの学生らしき者が兄貴をやじったそうですよ。うるさいとかへたくそとか言ったんでしょう。兄貴は窓から飛び出していって屋根を伝ってその人を殴りつけに行った。そんなことがあった。

兄は相手を叩くのでも、なるべく怪我のないようなところを叩くんだと言ってました。カッと怒るけど、やる時は冷静になっている、でないと相手を傷めちゃうからなぁ、と。

実際に喧嘩しているのを見たことはないですけど、相手にかかってこさせるような気配をする時はありましたよ。試してみたいという気持ちからでしょうね。札幌の丸山公園へ花見時期に、花見をするんでなくて、喧嘩するような相手がいないかなという気持ちで出かけたこともありましたよ。

それから、在京のある時、友人に「果たし合いをやることになったんだけど、助けてくれないか」と言われて、六尺棒を持って行ったそうです。そうしたら、むこうは五、六人来た。「お前は喧嘩相手と一対一でやれ。あとは束になってかかって来い。我こそは大東流合気柔術武田先生の第一の高弟である。おれが相手だ」というようなことで、棒をふって見せたそうです。突く、叩く、かわす、下からしゃくるというように縦横無尽に。それをその五、六人にやって見せた。すると彼等は「実は仲裁しようとしてやって来たんだ」と喧嘩にならなかった。

「一人二人だったら相手のことを考えてやることが出来るけれども、五、六人だとはずみでどうなるかわからない。名乗りをあげるのもいいもんだぞ」と、兄は笑いながら言ってました。相手を威圧するというか、そういうことが必要だということでしょうね。

四人重ね極めをする佐川先生。片手だけで四人は身動き出来ない

帰郷して再び武田惣角先生を師として

その後関東大震災が大正十二年にあって、兄は、東京の下宿から北海道に引き上げてきました。兄が二一歳くらいの時でした。戻ってきた兄は、当時質屋を営んでいた父の手伝いのようなこともやっていました。

そして、まだ三十そこそこの、昭和五、六年頃、北海道の自宅に武田惣角先生を呼んで講習会をもったことがありました。その時は一ヶ月くらいいたかな。武田先生の教える単位は、十日間くらいで、あちこち講習にまわっていました。その時は兄のために父が武田先生を呼んだんです。兄に奥深いところを勉強させようとしてね。やはり玄妙な技ですから、それをなんとか兄に覚えさせて、完成させたいということで。なにしろ、習うのに五百円とか六百円とか、相当高い金を父は出してやったんですよ。学校卒業した者の初任給が五十円か六十円くらいの頃にです。

それに武田先生は巡回して歩くのに、宿賃を出さないのです。自分の弟子を連れて歩き、大勢相手をするのに疲れると弟子に代稽古をやらせる。だから無料奉仕というよりも「宿賃、小遣い自分持ちの鞄持ち」のような状態で、兄は武田先生にくっついて歩いていた。ですから、その金を出した父親も相当偉いと思います。

ある時、兄貴が言うんですよ。「おやじはえらかったよ」と。「あんたを学校二つも出した。それにおれもおやじの世話で柔術の勉強をしたんだ。すばらしい父親だ。文句ひとつ言わずに、金出して」と。ちなみに、私は北大を昭和六年に卒業したあと東京へ出て早稲田へ行きました。就職したのは昭和十一年くらいからです。

ここでちょっと武田先生の技についてふれますと、武田先生は相手に腕をつかませる、ちょっと体をさわらせると、とたんにひょいっとかつぎ上げるんです。これが得意だった。どんな者でもぱっとかつぎ上げる。この技がすばらしい。つかまれたら、相手をつかまずにひょいっとかつぎあげて向こうへ倒す。背は一四五センチくらいでしたよ。五尺ないんですから。

私が札幌にいる時に、武田先生に「どれくらい強くなったかな、かかってきんしゃい！」と言われて、つかんだことがあります。でも武田先生につかまると、なんか手が離れない、くっついてくる。そしていつの間にかころがされる。あるいはかつぎ上げられる。ころがされるまでつかんでる必要がないだろうと思うんだけど離れない。なんと言うのか、力が出ないんですね。

それと、先生が立つその場所が、なんとなくこちらが力を出しにくいようなところなんですよ。相手に対していつも力が出ないような位置、瞬間に先生が立っていたような感じです。

兄の稽古台になる

この自宅での講習会の時に稽古が終わったあと、武田先生から習った手を覚えるべく、兄は私に手をつかませて、こうであった、ああであったとやり、その練習台に私がなっていたんです。

兄の奥さんも稽古台になったのですよ。武田先生の合気を会得するのに、相手の手をひっつけるというか、離させないようにする研究には女性のほうが都合がいいと。女性の骨はごつごつしていない、柔軟なんだそうです。だから、すぐ痛がったり、手を離すということが少ない。技をかけても、かかってるのかかかってないのか、痛いのか痛くないのか、その度合いの判定が男性と違ってちょっとむずかしいということでした。

ボディビルダーのように鍛えた頃

北大に私の友人で鳥羽信次という柔道四段

の選手で喧嘩自慢、腕自慢の同級生がいたんです。私なんかその彼とやっても押さえ込まれたら立ち上がることなど出来ない。それで、私は兄貴が強いというけど、どれくらい強いのかと思って、その友人を兄のところへひっぱって行ったんです。そしたら、ぜんぜん問題にならないんですよね。彼が兄貴をつかんだとたん、倒されている。かかっていくたびに投げられる。本人は青くなって、どこへ行っても喧嘩自慢でいばっていたのに、小さくなって、かしこまってしまいましたよ。世の中にはおそろしい人がいるもんだ、と。その頃兄は三十前後でしたか。

兄はこういうように自己流に色々体を鍛えて研究していましたから、修行時代でも強かったですね。自分なりに考えて、それほど強くない時期でも柔道何段という人をコロコロと投げていました。東京に出る前に札幌で北大のラグビー部の選手とか剣道の選手が習いに来ていました。鍛えられた体の大きい方たちですが、それをコロコロ投げていました。

またある時友人に、腕ひしぎという、床に寝転がっている状態の自分の腕を、その腕をこうまたぐような格好で持たせて力をいれて押さえてもいいと言った。いくら兄貴でもむちゃなことをするなと思いましたが、兄貴は二、三秒たつとぱっと立ちあがってしまった。その友人は腕にぶらさがる格好になる。もうどうしょうもない。

兄も強かったですし、それに非常に鍛えていたんです。鉄の下駄をはいたり、棒をふるったり。棒術は、武田先生のやり方を見て覚えたんでしょうけど、ものすごく上手でした。

くっつける合気の会得

兄貴は合気上げのコツ、合気で相手の力を抜くというのは、すぐに出来たようですが、つかんだ手を離させない合気というのでしょうか、くっつける合気というのが、なかなか会得出来なかった。「相手の握った手をくっつけて、そして倒すことがなかなかむずかしかった」と私に言っていました。「武田先生しか出来ない技ではないか」というようなことを愚痴るような状態の時もあったんです。

それが、いつ出来るようになったのかはわかりません。私も会社生活があったりして、その間しょっちゅう兄貴と会っているわけではありませんから。自然に出来るようになったんではないでしょうか。今ではお弟子さんが、「あの合気は佐川幸義先生しか出来ないのでは」と言っているんですね。

兄につかまってみて、ああ、武田先生と同じ具合だなという感じを受けるようになったのは、やはり兄が国分寺に行ってからでしょうね、札幌にいる当時は、武田先生につかまっているような感じではなかった。倒されはしますけど何か違った。そういう感じは相手の会得した合気の程度によって違うと思います。

技を覚えていれば、合気が出来ていなくても技をかけることは出来る。しかし、同じことを同じように出来るかと言えば、それはわからない。相手もがんばるし、用心してしまうから。用心されてかからないというのは合気が出来ていないということ。どんなに相手ががんばっても、コロっと倒せるというのは、合気が出来ている証拠でしょう。

常に体の鍛練を怠らなかった

とにかく兄は研究熱心でしたね。たとえば、軽業を見に行きますね、ナイフをつけてある輪を、遠くから飛んできてすっと飛び抜けるという技を見て、兄貴の練習の仕方がまた変わったんですよ。つまり、自分の技を磨くヒントを得た。ああいうふうに身体を動かすには、相当な努力をしたであろうと考えたわけですね。あれくらい身体を上手に動かすというふうに、体そのものを動かすことをたえず鍛練していた。

シャドウボクシングというものがありますが、あれはやはり大事なものなんですね。しろうとが見ていると、相手なしに空気相手にやってつまらんと思うが、兄貴はああいうことやっていました。突きでも蹴りでも、体の変更といって、五、六人相手をするような気持ちでね、たえず一人と相対している気持ちでもって、あっちへ跳ねたりこっちへ跳ねたりしてやってました。

体を動かすというと、体の重心がちょっとずれる時があるんですよね、そういうことのないように、体をこう動かした場合は、重心がきちっと定まっているようにというふうな鍛練をたえずやっていた。体をたえず上手に動かしていた。そして相手の力の出ないようなところで倒すというようなことで。

私自身は「最小の出捐《しゅつえん》をして、最大の効果を収める」というのが重要だというような気持ちがあるのですが、いわゆる経済学の原則、怠け者の考え方ですが、しかし兄貴はそうではない。「最大の出捐をして最小の効果を得るんだ」というような気持ちでね、いかなる場合に面しても、それに耐えられるように体を鍛える。

なにしろ、何十年、死ぬ近くまでそれをやっていたわけですから。腕立て伏せでもいっぺんに百回はやってしまうし、一日で千回やるなんて言ってましたよ。それを日記に毎日つけている。そんなような鍛練の仕方でしたね。座っている時でも、鍛練しているつもりで座っているんですから。

ある時お弟子さんに「俺の油断している時に、いきなりかかってきなさい。俺を倒すことが出来たら六段をやる」と言ったことがあった。そしたら、あるお弟子さんが突然かかっていった。兄は、前にころびそうになったけど、そうなりながらもストンと相手を投げてしまった。相手は板敷きかなかに叩き付けられた。そういうことを聞いたことがありますよ。

お弟子さんと肩を並べて歩いていても油断するということはなかったんでしょうね。身体自体がそういうように鍛練出来ていたんでしょうね。

「死ぬまで研究」を信条に

兄は研究者というか、学者タイプなんですね。武術家という感じじゃなかった。人様に知ってほしいというようなことはないんです、このくらい強いんだぞというようなことを宣伝することがない。あるいは術をすぐ覚えられるという警戒心からでしょうか。

弟子の木村達雄氏に聞いたのですが、七十歳代の頃に、後世のために技をビデオテープに残してくださいと言ったら、「いや、まだやらない。八十歳すぎたらテープを撮ろう」。その八十何歳になったら、「いや、まだ早い」（笑）。ついつい撮らずじまいだったと。おしいですね。私も兄に言ったんですよ、「後の人のために残したらいいんじゃないか」と。そしたら、生返事してましたけどね。

相手の態度を見てすっと覚えるというか理解するというか、そういう力があるだけに、この秘術を見せたら覚えられるという気持ちがあったのかもしれません。木村さんがおっしゃるから本当なんでしょうね。だいぶ兄も木村さんに期待してたんじゃないですか。そうでなければ本(『透明な力』)を書くことを許さなかったでしょうね。

私は兄の修行時代のことしか知りませんから、お弟子さんの言葉を知って、初めて兄の偉さがわかるということなんです。兄に対する尊敬の念は常にありましたけど、みなさんから兄のことや亡くなる前の話を聞いて、いわゆる「神技」というんですか、そういうふうなことになるんではないかと思ってます。

神が現われて武術を現わすなんてことはないんじゃないかと思ったんですがね。芸術にはありますよね、彫刻家に神技のような彫刻をしたとか。武術については、そういうことはないんじゃないかと思っていましたが、兄の技を考えるとやっぱりあるのではないかと。兄が言うのに、「武術には際限がない。これで奥義をきわめたというようなことはないんだ。死ぬまで研究だ」と。つまり、そういう「ひらめき」を受ける度に、そう思うんでしょうかね。すばらしいことですよね。

兄にかかる時には、思い切り力をいれてかかっていけば、叩き付けられる。柔らかくかかると、その程度にそろっとやる。そういうような具合でスローモーションでかけられているような具合に倒されると誰かが書いていましたが、まったくその通りなんですね。自分で倒れるのがわかりながら倒れていくという具合で、どうしようもない。この技をなくしてしまうのは本当にもったいない

釧路湖陵高校で行なわれた演武会で4人を投げる佐川幸義先生　昭和31年6月3日

ですね。

「弟子が強くなるから俺も強くなる」

兄は、その人に備わった技があるはずだから、お弟子さんにも、「自分で考えろ、考えろ」と言っていました。「考えれば自分の様になれるんだ」という意味のことを言っているのかもしれませんね。そうだろうと思います。今の世の中、教えられ過ぎなんですよ。

惣角先生は旅をして教えて歩いている。つまり相手はお客さんですから、相手をあまりけなすことがなかった。誉めることもあまりなかったけれども。兄の場合は、教える給料は安いし、免状ほしいと言われたって、免状で強くなるわけじゃないから、強くなったらやるよというような状態で、免状料も安かったようですね。それだから、「いつまでたっても覚えない、おまえは来たってしょうがない、やめちゃえ！」なんてお弟子さんに言ったりした。しかし、陰ではね、「お弟子さんがいるんで自分も強くなったんだ、弟子が強くなるからおれも強くなるんだ」と言ってましたよ。

だからお弟子さんも研究熱心になされば、いずれは兄のような自分に備わった技を会得されることと思います。それを自分で開発されることです。またそうあることを兄も武田先生も願っているでしょう。ただしそれは世のため人のためになることでなければなりませんね。自己満足の、暴力をふるうためとか、売名的なことに利用するということであってはいけませんね。

『鎖鎌との対戦』昭和二九年七月三日

佐川先生が武田惣角先生の跡を継いで第三六代宗家になって半年後の五二歳の誕生日に、千駄ヶ谷の東京体育館で日本総合武道大会が行なわれた。佐川先生はそこで鎖鎌と試合をした。

「どうなるかと観に行ったのですが、それは実に見事なものでした」（廣氏談）

この大会には、中山博堂、高野茂義、斎村五郎、持田盛二、三船久蔵、工藤一三、船越義珍、植芝常盛（盛平）、塩田剛三なども参加している（敬称略）

以下は、昭和五七年八月十七日の夜、初めての合気佐門会の温泉旅行（下部温泉）で筆者が佐川先生に「他流試合」についてお聞きした時のメモである。

木村「他流試合は色々やられましたか？」
先生「まあ色々あったけれども、同じ柔術では問題にならなかったね」
木村「鎖鎌はどうですか？」
先生「あれは第三者の目として見るとこわいかもしれないが、その中に入ってしまえば何でもないのだ。逃げようとせず、まっすぐ入っていってしまうのだ。こわいというのは、あくまで第三者の考えだ。もっとも鞘をつけた刀を出して、それに巻きつかせてしまえば良いのだけどね」

なお、この鎖鎌と対戦している写真は、佐川先生の奥様の部屋のタンスの中から見つかった。その引き出しは小さめで、銀行や商店が配る沢山の手ぬぐいが入っていたが、その引き出しの中に敷かれてある紙の下に、貴重品のように封筒が一枚だけあり、その封筒の中にこの写真が入っていた。

佐川先生にしては姿勢が崩れているので、佐川先生ご自身が気に入らず当時捨てたものを、奥様が拾い上げて保存したのではないかと思われる。

第七章　佐川幸義先生語録

筆者の稽古日記より

○ 他流の人は試さないから、自分がどの程度か、わからないのではないだろうか？ 私はいくら自分で鍛錬したって、どのくらい効くか不安だから色々試してみたのだ。かりに効くにしても効き方が悪いとか、力をぐっと入れられるとなかなかうまくいかないとかね。特訓なんて言ってやっているが、ああいうのは二、三年集中してやったところで何にもならない。鍛錬は何十年と休まずやり続けるものなのだ。私も身体が上三角形で腰が細かったのを鍛錬で変えていったのだ。鍛錬を続けていると身体が動くようになってくる。生まれたまんまの身体で本当に腰の強い人や自由に動ける人などいるわけがない。

○ 人間は生きている限り変わることが出来るのです。生きているということは、そういうことでしょう。私の年になってまで鍛え続けている者はいないだろう。力は無くなってきても、鍛え続けることによって何かが出てくる。

○ (胸をつかみにいった瞬間に飛ばされてしまって、びっくりしていると) こんな事が出来た人は今までいないよ。私が何十年と身体を鍛え続けてきて身体がきまってきて初めて出来るのだ。瞬間爆発したように飛ばしてしまうのは身体がしっかりしてこないと出来ない。私は毎日何十年と鍛え続けたからね。

○ なんとなくやっているうちにうまくなるというものではない。やはり集中しなければとても出来るものではないのだ。そして私が教えなかったらとてもポイントもわからない。

○ この十年間ですっかり腰が強くなり変わった。家内が亡くなってからすごく鍛えた。やはり運動を続けているから元気でいられるし、やる気もおきるんだね。運動を続けているということは、普通に思っている以上に大事なことなのだね。人間は生きている限り運動を続けなければいけないのだ。

（昭和六三年十一月、佐川先生八六歳）

○ 二、三年前に新しい鍛え方を思いついて、それからどんどん変わってきた。それに今でも毎日腕立伏せを百五十回はやっているよ。

（平成三年、佐川先生八八歳）

○ 迫力がなければいけない。どんな技でも最後は迫力。迫力は大切なのだ。私の技はみな迫力があるでしょう。迫力が無ければ本当はだめなのだ。実戦の経験でそういうことは自然にわかるものなのだが、今の人は実戦をしないからね。

○ 大きい奴がいても「なんの！」と相手を呑み込んでしまうくらいの気力がいる。大きい者など最初から呑んでかからなければいけない。「大きければ良いっていうものじゃない」ってね。大きい者に対するほど柔らかくいけ。これに徹せよ。

○ 私は武田先生に習いながら色々教えていたからね。少人数でもね。教えていると色々気づくし研究もするでしょう。たいていの人はただ武田先生に道場で習ったきりだったからね。もし教えなかったらとてもうまくはならなかっただろう。お弟子さんたちに教わったようなものだ。色々な道場をまわって教えていた時に、強い精神力がついたのかもしれない。

○やはり講習を責任もってやる人とただ来る人とではうまくなり方が違う。あんたが一番得をしているよ（これは私が先生の代わりに直伝講習で技の形を教えていることを指している。先生の前で教えるので、教えるべき技をその都度すべて覚え、先生が前に注意されたことも毎回復習して準備した）。

○合気を追究しなければだめだ。（それが）合気上げにあるとヒントさえ教えているのだ。私はヒント無しで考えてきたのだ。合気上げに秘密がある。あれが出来なければ人を自由に倒すことが出来ない。この上げ手（合気上げ）ひとつだって、どのくらい研究したかわからないよ。そういうところを見なければいけない。

○合気の技はすべて相手に何も感じさせないで倒してしまうのが本当なのだ。つかみどころがない、よりどころがない、というようにしてしまうから抵抗のしようもないのだ。

○合気は集中力とか、透明な力というような、いわゆる力とは違うものである。合気は敵の力を抜いてしまう技術だからである。その上くっつけて離れないようにもしてしまうのだから大変なことである。

○三十歳代の頃、合気で崩していたがまだまだだった。しかし鍛えていなかったら、そこで止まってしまっただろう。鍛え続けていたから理論もわかってきたし、発展してきたのだ。

○ 私の合気は外からいくら見てもわからない。内部の働きで相手の力を抜いてしまい、形にはあらわれないからね、今では体中のどこを持たれても敵の力を抜いてしまう。もとは簡単な原理から出発しているのだが、誰も気づかない。それに気づいたかどうかは合気上げを見ればわかる。合気がわかってから本当の修行が始まるのだ。

○ 合気は本質的には攻撃です。守りは必ず破られるのです。攻撃は最大の防御とも言うでしょう。このなかには、積極的でなければいけない、消極的ではいけない、という意味も含まれているのだ。

○ 武田先生の前では合気はやれなかったね。先生のまねをするなんて失礼でとても出来なかった。だから先生は私がそんなに出来るとは思っていなかったろう。私がうまくやると先生は不機嫌だった。武術の世界はきびしいものなのだ。

○ 棒術だって自分で練習するしかない。道場でみんなといくらやってもうまくならない。自分で練習するしかない。合気だってそうだ。常に考えてやっていなければとても出来るものではない。そんな甘いものではない。

○ お互いに頑張り合っていて、こんなの倒せるはずないと思うでしょう。でもそれが出来るのだよ。どんなに難しそうに見えても合気では可能なのだ。

○いつでも戦えるようにしておく。力まずスーッと平気でやれるようになっていなければだめだ。いつでも何気なくやってしまえる状態でいること。それがなんでもないようになっていること。

○力まないでやっていると、色々なことがわかって上達する。どうも力を入れてやらないと武術的でないと思っているようだが、考え方をすっかり変えなくてはいけない。私の武術は鍛錬に鍛錬を重ねて初めて出来るものなのだ。力んだ力なんて自分が感じるだけで相手になんら影響を与えない、単なる自己満足だ、そういうことなんですよ。

○稽古はくり返すことによって正しいことを習慣づけ体にしみ込ませようというわけだから、倒すことばかりに夢中になっていると、力む習慣や悪いくせが体にしみ込んでしまう。だから今出来る出来ないにあまり囚われずに、正しくやっていくようにしなければいけないのだ。どこをどう持たれてもどう攻撃されても対応して、自由にスッと動ける体を作ってしまわなければいけない。

○姿勢がまっすぐになっていなければいけない。前かがみになってはいけない。これは大事なことだ。倒そうという気が先に出てしまっているからいけない。正しいやり方をしっかり学ぶことが先決だ。人間なんてそう簡単に倒れるものじゃないんだから基本をしっかりやるのだ。そのほうがずっと近道なのだ。そのうち力を入れるべきところ、抜くべきところがわかってくる。

○やり方だけ覚えれば出来ると思っている人がいるが、いくら手（技のやり方）を覚えても練習しなければ、そう身体は動くものではないのだ。

○長い間の努力、訓錬、工夫、研究によって少しずつ出来るようになるのです。毎日の努力もしないで出来るようになるはずがない、非常に深いのです。どんな者でも軽く自由に倒せない限り、どこか悪いところがあるはずだと考えて、常に反省しなければならない。また大家のつもりになってもいけない、そう思った途端に進歩が止まってしまう。

○手裏剣はかなり練習したよ。四十歳近くまでね。二百本の手裏剣を作って古畳の裏へ打ち込むのだ。十本やそこらでは、いちいち取りに行く時間がもったいないからね。手ほどきは受けてはいない。自分で色々考えてやった。身体を慣らすためにやったのだ。

○いくら教えても習っただけのものはすぐ忘れてしまう。しかし自得したものは、決して忘れず自分のものとなる。要するに教えるということはヒントを与えるに過ぎない。自得しなくてはならない。特に合気は一種の内部感覚で自得しなければならない。

○うまくなって人より抜きん出るためには、何か自分のやり方をつかんでいて、さーっと瞬間すごい集中力でいくような人でないとだめだ。力を入れてもたもたもつれあっているようでは見込みがない。あまり力のありすぎる人は、力に頼るからうまくならないね。やはり小さい時からやらないとだめかもしれないね。もっともそれも人によるね。スピードがなく、もたつく人はだめだ。

○（合気の理論を）聞けば、「なるほど、そういうものかな」と思うだろうが、身体が錬成されていないからやっても出来ないよ。合気上げだってあんたらの段階では少し引いて力をいなしてから上げろと言っているのだって、理論でしょう？　そのような簡単な理論すら実行出来ないのだから、高度な理論を聞いたってわからないし出来ないよ。もう充分教えているよ。私がそれだけ教わったらもう出来てしまうね。肩に力を入れず手を柔らかくしてやれと言っているでしょう。そういうことから発展してきたのだ。肩に力が入っていたら絶対に合気はわからない。身体を棒にする人もだめだ。

○あんたらは得意のものを作らなければいけない。私は四ヶ条と三ヶ条の極めと三元胸捕（佐川道場で３Ｄと呼ばれている技）が得意技だった。しかしこの得意技については徹底的に研究し、またそのための鍛錬もした。どの技でも同じように練習したって、いざという時迷って使えなくなってしまう。だから実戦的だと思う技を定めて、それを徹底的に練習するのが良い方法なのだ。またその技のための鍛錬もするのだ。実戦では相手がどう来るかによっては、判で押したようにはいかないのだから、形に囚われてはだめだ。瞬間を捉えるのだ！　だから型通りにやろうとする人はだめなのだ。応用性が必要だ。

○速く動くのだって練習だ。普段ゆっくりやっていては速く出来ない。実戦では瞬間にやるのだ。稽古では研究のため、色々なスピードでやるが、実際は速いのだ。速く動く練習が必要だ。

○どんな技でも私にこうしろと教えられたらなぜそうなのかという理由を考えなければいけない。すべて理由があるのだ。理由がわかれば忘れない。言われたことをただ守ろうとするのでは、すぐ忘れてしまうのだ。少し言わない部分を残して考えさせるようにしているのだが、ぜんぜん考えないからだめなのだ。合気は細かいところでも本当に頭を使って研究しなければとても出来ない。頭なのだ。

○身体を鍛え続けてこのように色々なことが出来るようになってきた。と言ってもどのような角度でどうすれば崩れるかとか、非常に頭を使っているのだ。とにかく頭を使って色々考えるのが基本だ。頭を使わなければいけない。

○やはり常に考え続けていることが大切だ。考え続けるとふっと考えが浮かんだりする。新しい考えが浮かんだら、すぐ書いておいて試してみないと忘れてしまう。書き留めておくことが大切だ。いつもいつも考え続けることが秘訣だ。私は長い間いつも考え続けてきたからアイデアが浮かぶのだ。

○（朝鍛錬するから前の晩にはあまり酒を飲まないようにしている、と言った人に対して）そういうことを考えてやるのはだめだ。酒を飲もうと飲むまいと関係ないよ。二日酔いだろうと、やると決めたらしっかり気を入れてやってしまうのだ。心臓がけいれんすることもあるが構わずやってしまう。自分の身体を心配したらもうだめだね。

○なんとしてもやってしまうという強い精神力が必要で、それが一番大事なのだ。やりとげてしまうのだ！

○気性が大切だ。努力と言ったって字で書けばなんでもないが、それを実行するのは普通の精神では出来ない。よほど強い精神、激しい気性を持っていないと出来るものではない。中途半端はやさしいが、なんでも一人前になるということは大変なことなのだ。毎日の鍛錬が大事だが、なかなか続けられるものではない。

○相手が剣を持っている時、こわいと思ってはだめなのだ。こわくないと思ってやらなければ自由に動けない。たとえ切られてもこわいとは思わないという気持ちでやる。そのように努めなければいけない。

○精神力の弱い人はだめだね。一度やると決めたのなら、たとえそれがどんなに難しくてもその道を極めてみよう、ということが一番大切なのだ。それがなかったら合気は絶対に出来ない。

○技と精神がひとつになっていなければならない。技はすべて精神力をのせてやるのだ。結局は精神力だ。それを活かすための技術を練習しているようなものだ。今の人は理に従って動きさえすれば倒れると思っているが、そういうものではない。技術というのは精神に従って出てくるものなのだ。精神が前面に出ていなければいけない。結局、心ですよ。

○考え方が違う。最高なんていうことはあり得ない。そこで達したなんて思ったら価値ないよ、そんなのは。人間は死ぬまで修行を続けるのだ。いくら上に行ってもさらに上へ行けるのだからね。

○これで良いと思ったとたんに芯が止まってしまう。もう考えなくなって進歩が止まってしまうのだ。

これではだめだと常に考えていると、色々な考えが出てくる。絶対にこれで良いと思わないことだ。武術は厳しいのだ。常にこう来たらどうするかとか考えておかなければならない。私は今まで毎日毎日一日も休まずに鍛え続けてきているのだ。

○私はどんな段階に達しても、それではまだだめだ、と自分で決める。そうするとまた次の段階への道が開けてくる。

○学問だってそうでしょう。いくらやったってまだまだ人間の知らない重要なことはいくらだってあるのです。常に修行です。いくらだってやることがある。自ら開拓していくのだ。なんでも教わろうという精神ではだめだ。

○一ヶ条で肘を上げるのは相手を不安定にするためで、そこで足が出ていって倒すのだ。それを、木村君は手で倒そうとするからだめなのだ。木村君の場合はなんでも説明しなければならないのだからまったく大変だ。一人前にしてやろうと思うと、このように面倒だからいやなのだ。木村君は熱心だから何とかしてやろうと思うのだが、なかなか難しい。

（昭和六一年七月四日）

○（台所で）合気は他のものと違って「とることが出来なければ絶対に出来ない」から何年やれば出来る、とかいうことにはならないのだ。

（平成元年八月二五日）

○木村君はへただけれどもいつも私のやり方を見ているからほかの人とはぜんぜん違うね。やはり違う。何かうまいところがある。柔道五段の者と対戦したり、やはり心構えの違いだろう。

（平成三年一月一九日（土）、四元の稽古中）

○一生懸命努力を続けている者に対しては、応援したくなるね。

○私から離れている人はだめだ。私に接近してこなければいけない。遠慮ばかりしている人はだめだね。私に近づいていれば、色々なことから吸収出来るはずなのだ。接しているだけでもずいぶん違ってくるよ。木村君もうまくなってきたでしょう。

（昭和五八年六月三日）

○武術はずっと研究を続けていかなければならない。これで良いと思ったらだめだし、またこういうものだと決めつけることが出来るものでもない。小さいなら小さいなりに、大きいなら大きいなりに鍛えないと出来るものではない。習ったら出来るとか、そういう簡単なものではない。武術の修行はたいへん厳しいのだ。武術は相手がいることだから真剣勝負を考える限り、いくら修行してもこれで良いということはないし満足出来るわけがない。

○人は先へ先へと進んでいかなければならないのだ。決して慢心なんかしていられないよ。

○本当のことを言うと、体が相手に負けていると技は効かないのだ。鍛錬も普通十年かかるものでも、私なら半年でやってしまう。

○（台所で）木村「我々がいくら鍛えてもまったく軽く倒されてしまうのですから驚きますね」いかに相手の力を受けないか、力を抜いてしまうか、ということに徹してやってきたからね。弟子が先生に遠慮して軽く受けを取ったり自分から倒れるようになっては上達しない。思いっきりやらせて、それを乗り越えようとするから上達するのでしょう？

（昭和六三年二月二三日）

○なぜ出来るのだろうと謎を解こうと思わないのかね？　私は武田惣角先生に習ってそう思ったね。よくわからないうちに先生が亡くなっては大変だと思っていたよ。まだ本当の合気はわからなかったからね。

（昭和六三年六月六日）

○あんたらは考えが甘い。道場だけでやっていて私に頼っているからだ。私のように各地を一人でまわって教えていると色々な奴がいるし、うまくいかないなんて言っていられないから一生懸命鍛えるしね。色々経験しているうちに考えも出てくる。道場だけでのんびりやっているのとはわけが違う。心構えが違う。あんたらはもっと実力をつけなければいけない。

（昭和六三年三月二七日）

○人間の力なんて鍛えたってそう大差ないし、力の届く範囲は足や手の届く所までなのだから、その外へ出てしまえば何でもない。だから足さばきが大変重要なのだ。

（昭和五四年三月二日）

○（昭和五七年八月十七日　初めての合気佐門会温泉旅行、下部温泉源泉館に宿泊、先生は色々な話をされた）
木村「先生は兵隊には行かなかったのですか？」
先生「私は左目がほとんど見えないからね。もっとも生活には差し支えがなく、視力検査で初めて知ったのだ。これで右目が見えなくなったら困るね」

木村「武田惣角先生の声はどんな感じでしたか？」

先生「少し甲高い声だね。私もそうだが、そういう声の人は長生きするんだね。

武田先生とは小さい時から一緒だったし、こわいと思ったことはなかったね。

武田先生にやられるとハハーこうだああだと勘で全部わかってしまう。本当に押さえたらどうやるかと試しに強く押さえてみたりしたこともあったが、とてもそういう事の出来る先生ではなかった。とにかく異様な雰囲気で質問もしにくい。押さえられたらハハーこう押さえられたら動けないな、とかみなわかった。他の人たちは、柔らかくすることすら気付かなかったみたいだ。

武田先生のところでは、合気上げは最初のうちだけやらせたね。数ヶ月たったら、もうやらせなかったよ。

武田先生は、字は書けなかった。新聞読んでも、わかっているかどうか。何となく感じでわかった程度だろう。しかしすごく頭の良い人だった。背が小さいのに山高帽をかぶって何ともいえない格好だったので、当時の人すら振り返って驚いて見ていたものだ。武田先生は昭和十八年に旅行中に亡くなられた。

武田先生に色々質問したが、『つまらん事を聞くな』と言って教えてくれなかったね。特に畳返しについて聞いた時はね。私も小さかったからね。私には『ゆきよしさん』と言っていた。

武田先生が脳卒中で倒れたあと、私が武田先生の動くほうの右手を両手で押さえたのに上がった時、私はすぐにどういうことかわかった。その時すでに合気上げの原理はわかっていた。あんたらの段階では、まだわからないよ。

武田先生はホラ貝は上手だったね。私がやっても音も出なかったよ。難しいのだが、武田先生は負けず嫌いで凝り性だったから、何とか出来るようになってしまったんだね。しかし変わっていたね。

武田先生はまったく力まず膝を十分曲げてスーと出ていくのだね。

真剣を持った時、手首の返しが大変重要なのだ。その返しで斬ってしまう。手首の返しが不器用な人ははっきり言ってだめだね。合気でも何でも手首の動きが本当に大切なのだ。

武田先生は前から手を返して後ろから首を斬ってしまう。とにかく構えないでスッと近づきサッと斬ってしまう。あっという間に敵の小手へ横から入っていく。どっちの手で持つか見えないくらいだし、自由に持ち替えていた。とにかく目にも止まらぬ速さで左右持ち変えてしまうし、これはすごいと思って、自分もずいぶん片手斬りを練習したけれども、ついにこれは自分には出来ないと思ってやめた。武田先生の剣は天才的だった。

要するに意志、気持ちなんですよ。環境がどうのこうのと言ったって、本当にやる気があれば出来るのですよ。

これは秘密の武術だ。本当の極意技なんて戦いでもめったなことで見せるものではない。そして死ぬ時に一人にだけ伝えていくものなのだ。

合気をやる人は、人を見てサッと特徴や弱点を瞬間につかまなければいけない。

私は肩がこったことがないね。だから肩こりとはどういうものかわからないね。いくら柔軟体操で身体を柔らかくしたって、動きの中での柔らかさは別ですよ。それはそれで練習しなければだめですよ。最初から柔らかい動きが出来る人がいたら、余程の天才だよ。もちろん身体が柔らかいに越したことはないが……。

剣は本当は無声なのだ。いちいちエイと声を出していたら息があがったり、くたびれてしまう。段々無声になっていくが、最初のうち、特に団体で練習する場合には、声を出さないと気が抜けてしまうからね。

私がこのように毎日鍛えていると医者に言ったら、きっと、『とんでもない、身体に悪いからすぐやめろ』と言うだろうね」

（昭和五七年八月十七日）

○いくら力でなくて出来ると言ったって、本当の合気が出来るようになるためには相当な鍛錬を必要とするのだ。そんなに簡単なものじゃない。少しずつ増やしていけば良いのだが、そういう人並みはずれた鍛錬というのが、なかなか出来ないのだよ。それに自分で考えて工夫していく人じゃないととても出来ないね。私は今、今までのうちで一番鍛錬している。時間があるからね。

○武田先生は、こうやって、ああやってとやるだけで、こちらがやっているのを見てどうのこうのと言って下さるわけでもないし、自分でもどのくらいうまくなったかがわからないんだよね。武田先生が生きていたら、私の合気を見て驚くだろうね。まさかこんなになるなんて思わなかったろうね。私の今の合気は、武田先生にもなかったからね。だいぶ違ったものになっている。

○（ある先輩について）腰はしっかりしてきたけれども、合気は全然わかっていないよ。十年以上あれだけやって、合気がわからないのだから、いかに難しいかという事ですよ。易しければ出来る人がもっと出てくるでしょう。だから余程本気で、努力し工夫し考えなければ、とても出来ないよ。

○（ある先生が晩年足元がふらふらして、柔術は別だが剣術は負けないと言ったことに関して）剣だって足元がふらふらしていたら使えないよ。剣だって身体が出来ていないとだめなのだが、皆気付かない。私は相手が斬ってきたらすぐ相手の背後にまわって斬ってしまう。自由自在に動くからね。

どんなにすごい人でも鍛錬していなければ年とったら動けなくなってしまう。

もっとも鍛錬というと肉体的に激しく極限までやるという考えが多いが、そうじゃなく毎日少しずつでも続けていくということが大切なのだ。

丁度、毎日食事をするようなものだよ。食事をしないと死んでしまう。鍛錬も毎日やるもので、やめると身体が動かなくなっていってしまう。

○槍に対しては、遠くでやっていないで相手の中へ入っていく。相手の間合いに入ってしまえば、相手は逃げられない。相手に近づいちゃうことだよ。簡単に言えば、それだけのことなんだ。

○ 一般に身体でやるものは頭を使わなくて良いと思っている人が多いが、合気は頭を使わなければいけない。細かい深い研究が必要なのです。体力だけでやっていると、年とったらすぐに出来なくなってしまう。

○ 木村「先生が甲府駅で『真剣勝負の時は、こうするのだ』と言われて少し膝を曲げて腰を落としてこちらを見られた時はギョッとしました」

腰を落とすと落ち着くんですよ。そして相手が見える。腰が上がっていると、相手が見えなくなってしまうことが多い。

（以上、昭和五七年十月　八十歳）

○ 裏拳はスナップを利かせて目を攻撃する。軽くやっても涙が出たり、ひるんだりするから有効だ。私は小さい時から、喧嘩ばかりやってきた経験から突きや蹴りの有効性を知り、取り入れたのだ。武田先生に蹴りはなかったが、このようなのはあった（と拳骨みたいな両耳打ちその他を見せて下さった）。

○ あんたらのは道場稽古だ。私は北海道の警察はほとんどまわって来ているし、柔道六、七段の者とは、試合のようにかかってくるのを、腕の一本も折ってやろうという気でやってしまうのだ。色々な対戦の経験から、本当に力の強い人の存在も知っている。あんたらのような甘い考えではだめだ。

○突きは私独自のやり方だからね（と私に向かってシュッシュッと突き、そして蹴り飛ばされた）。八十歳の人がこれだけ速く自由に動くのだから希望が出てくるでしょう。鍛錬がいかに大事かわかるでしょう。鍛錬していなかったら、私も普通の八十歳の人のように動けないだろうね。武田先生も私の年では、立ち上がる時に、両手をつかなければ立ち上がれなかった。それは鍛錬していない証拠だ。

○三十歳くらいの頃は、腹を遠くから勢いよく突かせて、瞬間ウッと気合を入れると打ったほうが手が痛くなった。そのような事を若い頃は色々やった。

木村「打たれて平気なら自信がつきますね」いや、やはり体捌きでよけることをしないと刃物ならいくら鍛えても刺さってしまうからね。

（以上、昭和五七年十二月）

○だいたい敵に対して身体を固めたり気合を入れたりするのは臆病なのだ。敵に対してもまったく平気で軽く動けなければいけない。

○私は誰にでも同じように教えるわけではない。いいかげんな人には教えない。

講習を受けたから上達するというわけではないが、受けなければ絶対わからない。一元の技ばかり十年やったって何にもわからないよ。

○剣も手首を利かすのです。手首が棒になっていたら真剣勝負では使えない。剣を振りかぶってきたら、そのまま剣を突き出せば勝つよ。咽なんかを狙うとはずれるかもしれないが、そのまま腹なり胸なりを突いてしまえば良いのだ。実際、昔は仇討ちなんていう時に、素人にはそのように教えたのだよ。

たいてい相手は正眼に構えているから、いかにその剣を殺すかということを研究することが第一だ。どの角度からどのように刀を落とせばよいか、ということを研究しなくてはならない。甲源一刀流でも天然理心流でも刀をまず落としてしまう。落とさないまでも崩したところをサッと突いたり斬ってしまう非常に実戦的な剣法なのだ。

真剣勝負では後《ご》の先《せん》が基本だ。先《せん》をとって勝つのは難しい。私なら出来るが、普通は無理だ。

○ 勘が大切だ。勘を養う練習をしなくてはいけない。考えて正確にやろうとするより、勘で動いていかないと、真剣勝負では役に立たない。真剣勝負は一瞬で決まってしまうからね。

○ （ある先輩が、先生の予期しない打ち方をした時、瞬時に投げ飛ばされた）予期しない打ち方で来られても、淀みなく出来なければいけないんですよ。技の応用変化が出来ないと出来ないよ。

○ 力を入れると、あるところまで行って止まってしまい、そのあと続かないでしょう。力まなければ相手が頑張ってもそこで止まらず、次々変化して攻撃し続けられる。

○「相手もこわがっているんだから自分が前へ出るんだ」という気持ちでやらないと、剣の真剣勝負ではすぐやられてしまう。相手も気持ち悪いと思っているんだから……。
昔は仇討ちだって正々堂々と名乗ってやったというのは嘘だよ。よく調べておいて、フイをついて斬り付けて、それから「親の仇《かたき》」とか名乗ったものだよ。木村「昔の人もこわかったのですね」そりゃ人間なら誰だってこわいよ。熊なら別かも……いや、熊だってこわいらしい。こわいから襲ってくるのだ。

まともな者なら誰だってこわいのだが、それを口に出してはだめだ。そのこわさを飲み込んでしまわなければならない。死ぬまでそのことを一言も言わずに持っていってしまうのだ。それによって「何の！」という気力が出てくるが、言ってしまったら、そこで気力が無くなってしまう。

○ 余程鍛錬しないと肩の力は抜けてこないよ。木村「やはり鍛錬が必要ですか？」そうだよ。肩の力が抜けてくるというのは大変なことなのだ。

身体を鍛えると言っても、ちょっとやそっとやったって身体は変わってこないよ。身体が変わってくるためには余程やらなければいけない。

長い間には「今日は鍛錬したくない」などと思う時もあるし、「それでもやる」という心の葛藤があるから、苦しい時だってありますよ。常に楽しい時ばかり、ではない。それを続けているうちに、いつの間にか段階が変わってきて違ってくるんだね。

○（合気拳法について）突いてくるのを、上へ跳ね上げる、下へ落とす、払う、両手で受ける、などと色々考えられるでしょう。そういう所から研究していったのだね。

そのうち合気が出来てくるに従って、かわして打つ、というのから、そのままくっついていくとか、よけるにしても、相手に触れる時に合気で崩してしまう、とか色々出てくるでしょう。

この技があって、あの技があって、というものとは違うのだ。合気が出来てくればどう動いても技になってくる。武田惣角先生がそうだった。父が「武田先生はデタラメやっているんじゃないか?」と言っていた。もっとも「合気が出来るから、どうやっても効くのだ」とも言っていた。ちゃんと見抜いていたんだね。

○私も若い頃は力でやっていたから体形も逆三角形だったね。上半身ばかり鍛えてね。しかしもろいんだね、意外と。それでこれではいけないと気付いて変わってきたのだ。鍛えると色々なことに気が付いてくるでしょう。鍛えない人は全然気付かないよ。毎日やっているとたまにやらないと、かえって具合が悪いんだね。年とったから健康法としてやっているんだけどね。

○すぐ強くなろう、うまくなろうという人はだめだね。焦ったら続かないよ。やはり時間がかかる。

○木村「先生が、人間はいくらやってもまだ知らない大切なことがある、と言われたのを伺ってから、自分は修行者なんだ、という意識がはっきりしてきました」
(先生、私の顔をじっと見て) そういう考えになったのならば、いつかは出来るかもしれない。

○武田先生には続いて何ヶ月も習ったことはなかった。毎日すごい技の量を習うから、いっぺんにやったら、とても覚えられないよ。何が何だかわからなくなってしまう。

○私は発想を変えてしまうからね。ものの見方を変えてしまう。

○大東流はちょっと習っただけでも素人には効くから、皆それで良いと思ってしまうのだね。武田先生も身体を鍛えるという事に気が付かなかったね。

○うまく出来ないからといって恥ずかしがるなんていうのは変だ。うまく出来ないから稽古をするんでしょう。

○昔は弟子が師を殺すなんていうのもあったくらいだから、本当に大切なことは今以上に教えませんよ。それぞれの人が自分自身の独特なものを持っていたのだろう。
木村「今は師を殺すなんて事は無いんじゃないですか」
　いや、しかし、すごい執念と努力や苦労の末にやっと悟ったようなことを、そう簡単に教える気にはなりませんよ。

○やはり天才が出ないとだめだね。教わったことをただ守ってやっているような人たちでは、すぐにだめになってしまう。奇想天外な発想をするような人たちが出れば別だけどね。

○なるようになる、という気持ちでやる。実戦の時は型どおりにはいかないのだ。「理論どおりにやろう」なんて考える人はうまくならない。その時その時に応じていく。

○この身体のどこに人をさわっただけで倒してしまう力があるか、と思うでしょう。腕も特に太いわけではないし体重だって五八キロ、身長も一六二センチくらいだからね。

○甲源一刀流の甲源は甲州の源氏という意味だ。その形はかなり実戦的なのだ。一つ一つの形には大切なポイントがあるが、それは教えていない。しかし形も良く考えればポイントがわかる筈だ。結局、頭を使わないからいけないのだ。

(以上、昭和五八年)

○自分がいかにもやっているという実感がするのはだめなのだ。ほとんど何もやっていないような感じでやるのだ。

私がやる時まるで何もやってないみたいに、やっているでしょう。私のを見て真似しなければいけない。

○結局努力が大事ですよ。努力しなければ出来ない。やはりいつも頭で考えているくらいでないとても出来ない。頭を使うのだ。

○昨日「腰を鍛えるのに物でやっても同じか」と聞いてきた者がいたが、人を倒す腰の強さと物をやる腰の強さは違うのだ。

○敵の力を抜くことが出来ない限り、いくら弱い人には一見出来るように見えても、本当は出来ていない、ということをはっきり知らなければいけない。軽く受けてもらって出来ることと区別しておかなければいけない。

○そのままでも倒せるだけの力は持っていなければいけない。そしてそれだけの力を持っていながら、そのやり方は取らず、崩した点を攻めるというやり方でやる。

○力んだらいけないと身にしみて心から思わなければいけない。力んだら決して上達しないのだ。

○合気は身体が一つになるのだ。あんたらは部分的な力でやるからだめなのだ。身体を柔らかくグニャグニャさせても、それでは倒せない。

○何事でもその目的に向かって努力、工夫、研究をしなかったら、出来るようにはならないのだ。

○稽古を本当につめば、刃物で突然かかられても硬くならない。一瞬の緊張、硬くなることを防ぐために稽古をしているのだ。もっとも刃物に慣れておく必要もある。

○他人にはない自分だけの秘密を持つというのが向上につながるのだ。何でも教えてしまっては他人と同じになってしまい向上する気力まで無くなってしまうのだ。

○教わってうまくなろうという考えでは決してうまくならない。自分で切り開いていくという気持ちが絶対必要だ。先生のを参考にしてね。私もそうやってきた。教わったわけではない。

○先生しか出来ない、先生は特別だ、という考えでは決して上達しない。同じ人間が出来るのだから必ず出来る筈だ、という考えに基づいて研究すれば、出来るようになる、と私は思う。

○形を作ってからやろうとすると何分の一秒か遅れてしまうのだ。形を作るということは、力んでいる、ということだ。どの技でもそうだ。そのままスッと出るのと形を作るのとは、雲泥の差がある。

○身体を動かしているから私も元気でいられるのだろうね。気力だけでは、やはりだめなのだよ。身体が弱ると気力も弱る。身体を動かすということは本当に大切なのだ。

○稽古の時でも、やる時は心を一つにして、それになりきってやらなければならない。集中してしまうのだ。木村君も新しい人とやる時、稽古気分ではなく心を一つにして集中してやるとずっと強くなるのだ。もうそれしかないというそれになりきるのだ。

○足は毎日鍛え続けなければいけない。足は常に鍛えないとだめなのだ。自由自在に動けるように鍛錬する。足技は私は何十年と訓練して研究してきた。大東流の欠点は足にあると思って、どうしたら足が強くなるかと研究を続けた。しかし毎日鍛え続けるというのが至難のことなのだ。一大決心で出来るような生易しいことではないのだ。しかしそれをやらないと他の人とは違ってこない。

（以上、昭和六二年）

〈佐川先生門人・剣道八段　長尾進氏のノートより〉

○逆手はお互いに効かなくなる。私は全体を崩してゆくのだ。相手を地球から浮かす技なのだ。
（平成元年六月十二日）

○皆、鍛えて強くなりなさい。私はもっと強くなるから。私だって未だ研究段階なのだ。
（平成元年十月二三日）

○相手が力を入れると対抗して力を入れるようではだめだ。徹底して力を入れないことを身につけなければいけない。
（平成三年二月二二日）

○人間の力なんて弱いもの。生まれつきの力とは質の違う力を身につけなければいけない。
（平成三年四月八日）

○私の技が速く見えるのは、ギリギリのところでかわしているからだ。
（平成三年十一月二日）

○速くやるというのは、あわててやることではない。いくらあわててバタバタしても、速いのとは違う。動作はゆっくりでも、相手の遅速を見極めてやることが大事。
（平成三年十二月六日）

○かわすということは逃げることではなく、接近すること。このことから、人間は二本足だから倒しやすいという理論が生きてくる。
（平成四年二月十四日）

○人間は二本足だから元々弱いのだ。赤ん坊が立ち上がるまでに、大変な過程があることを考えればわかる。
（平成四年三月十三日）

○肩に力が入ると、技もだめになるけど、焦ったりして精神的にもだめになる。
（平成四年四月六日）

○真剣勝負の場でも平常心が大事だ。鍛錬をやり抜くことによって、この平常心は出来る。
（平成四年四月十三日）

○剣と禅は別もの。剣は剣を徹底的にやることによって精神力もついてくる。禅では剣の技術は磨けない。山にこもったり滝に打たれたりして多少精神力の強化になるかもしれないが、武術は相手があって研究しなければ上達しない。

武術とは人に教えるものではない。自分が強くなるためのもの。何でも公開すれば良いというものではない。

（平成四年五月一日）

○腹に力が入っていなければならないが、意識しているうちはだめだ。訓練の末に自然に入るようにならなければいけない。
（平成四年九月二五日）

○武術は速くやらないとだめなんだ、本当のことを言うとね。速くやっていれば、十回に一回は出来たりする。その回数を次第に増やしていくのだ。

（平成四年十一月六日）

○自分で覚えたものはスキがない。人から習ったものはスキがあるので忘れてしまう。

（平成四年十一月二三日）

○敵が剣を持っていても、目や鼻に裏拳（目かくし）を当てるのが一番良い。人間はどこか一ヶ所が痛いと、何も出来なくなる。足だって骨の出ている部分が多いし、弁慶の泣き所なんかもあるんだから弱いんだよ。そう言われ、木村先生のアキレス腱の外側を四ヶ条で極められた。

（平成四年十二月十一日）

○技が効かないと思ったら、その部分が弱いのだからそこを鍛える、というように考えることが大事だ。効かないのにいつまでもやろうとすると悪いクセがつく。

（平成五年三月十二日）

○平常心というのは普段から思い続けていないとだめだ。急には出来ない。

（平成五年八月二十日）

○結局、武術は魂と魂の戦いだ。

（平成五年十一月十二日）

○ 教わってすぐ出来るようなものだったら、大したものではない。
長い間の努力・訓練・工夫・研究によって少しづつ出来るようになるのです。
毎日の努力もしないで出来るようになる筈がない。非常に深いのです。

○ 中途半端な合気はある程度出来るようになるかも知れないが、本当の合気を得ることはとても難しい。血のにじむような修業が必要だし、長い時間がかかる。

○ 常に考えて進歩していないと退歩する。満足すると技がへたになっていく。
これで良いと思ったとたんに芯が止まってしまう。
これでは駄目だと常に考えていると色々な考えが出てくる。

○ 鍛錬と研究を重ねて、精神も高めていって、少しづつ出来てくるものなのだ。

○ (本当の)合気がない限り、いくらうまくなっても、相手が強くなってくれば技は効かなくなってくるだろう。

第八章　思い出アルバム

【佐川先生のご家族】

左から次男敬行さん、美代子夫人、佐川先生、長男勇之助さん

佐川先生は、長男の勇之助さんには「幼少から合気を教えて鍛えた」と言われた。
次男の敬行さんは、お身体が不自由で稽古はされなかった。

右から美代子夫人、佐川先生、佐川先生の母上　昭和14年

佐川家の昔の写真　　左端が佐川幸義先生

昭和15年　東京・中野にて　右から佐川先生、美代子夫人、母、父（子之吉）

【在りし日の佐川先生】

朝日新聞夕刊（1998.4.8）の佐川先生の追悼記事に掲載された写真（撮影日：1989.11.17）

松田隆智著『秘伝日本柔術』(昭和 53 年 1978) に掲載された佐川先生の写真

私が入門した頃の見慣れた風景

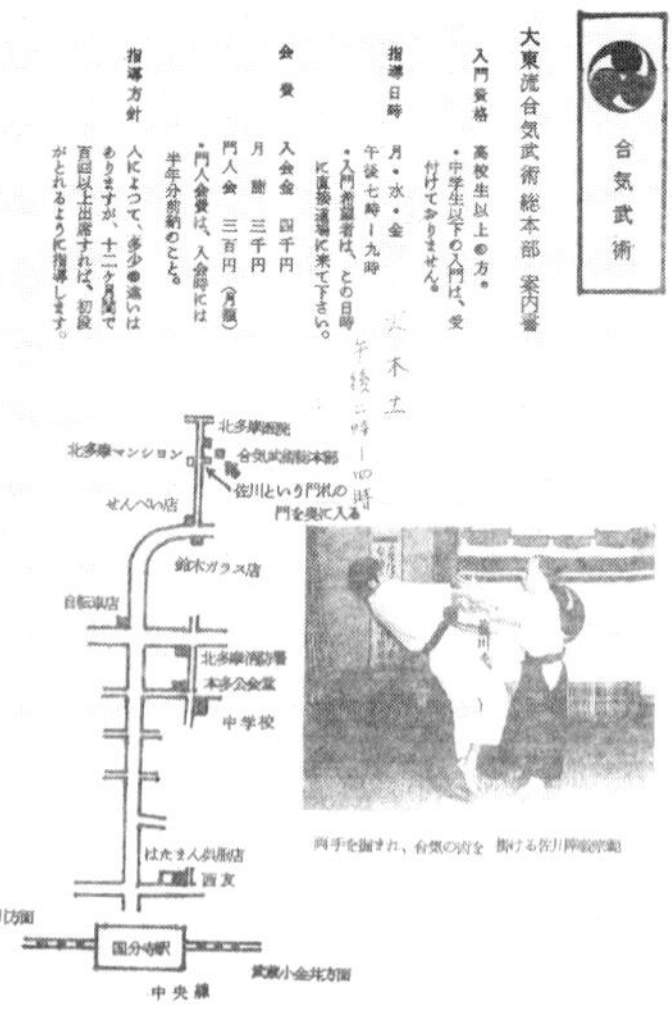

合気武術

大東流合気武術総本部　案内書

入門資格　高校生以上の方。
・中学生以下の入門は、受付けておりません。

指導日時　月・水・金
午後七時ー九時
・入門希望者は、この日時に直接道場に来て下さい。

会費　入会金　四千円
月謝　三千円
門人会　三百円（月額）
・門人会費は、入会時には半年分前納のこと。

指導方針　人によって、多少の違いはありますが、十二ヶ月間で百回以上出席すれば、初段がとれるように指導します。

私が初めて佐川先生の道場を訪ねた時、佐川先生は電話で、中央線国分寺駅北口の西友に置いてあったこの地図を見て訪ねて来るようにと言われた。

小平市立合気公園 ―― 佐川幸義邸跡地 ――
開園セレモニーと 27 回忌法要

佐川先生の次男の敬行《よしゆき》さんは平成 27 年（2015）9 月 25 日に 84 歳で亡くなられたが、遺言で佐川邸・佐川道場の土地が、小平市に寄贈された。紆余曲折はあったが、門人の柴田勝之弁護士、小平市議の安竹洋平氏、佐川道場の庭にあった灯籠二つを引き受けて自宅の庭に置いて、公園からも見えるようにして下さった日展日本画会員の岡江伸（本名 伸子）さんたちを中心にして良い公園にする努力が続けられた。そして令和 6 年（2024）3 月 23 日に、小平市立合気公園（佐川幸義邸跡地）の開園セレモニーがあり、小林洋子・小平市長、松岡あつし・小平市議会議長、私、岡江伸子さんの順で挨拶をしたあと、佐川先生の顕彰碑の除幕式が行なわれた。

左から私、小林洋子・小平市長、松岡あつし・小平市議会議長、岡江伸子さん　（撮影：中西俊幸）

翌日 3 月 24 日は佐川先生の命日で、高野山東京別院で 27 回忌法要が永﨑亮寛主監と野村全快師により執り行なわれ、88 名（お布施参加を含めると 108 名）の門人たちが参列した。

高野山東京別院本堂前　永﨑亮寛主監（右）、私、野村全快師（左）

合気佐門会温泉旅行にて
昭和 57 年 8 月 17 日

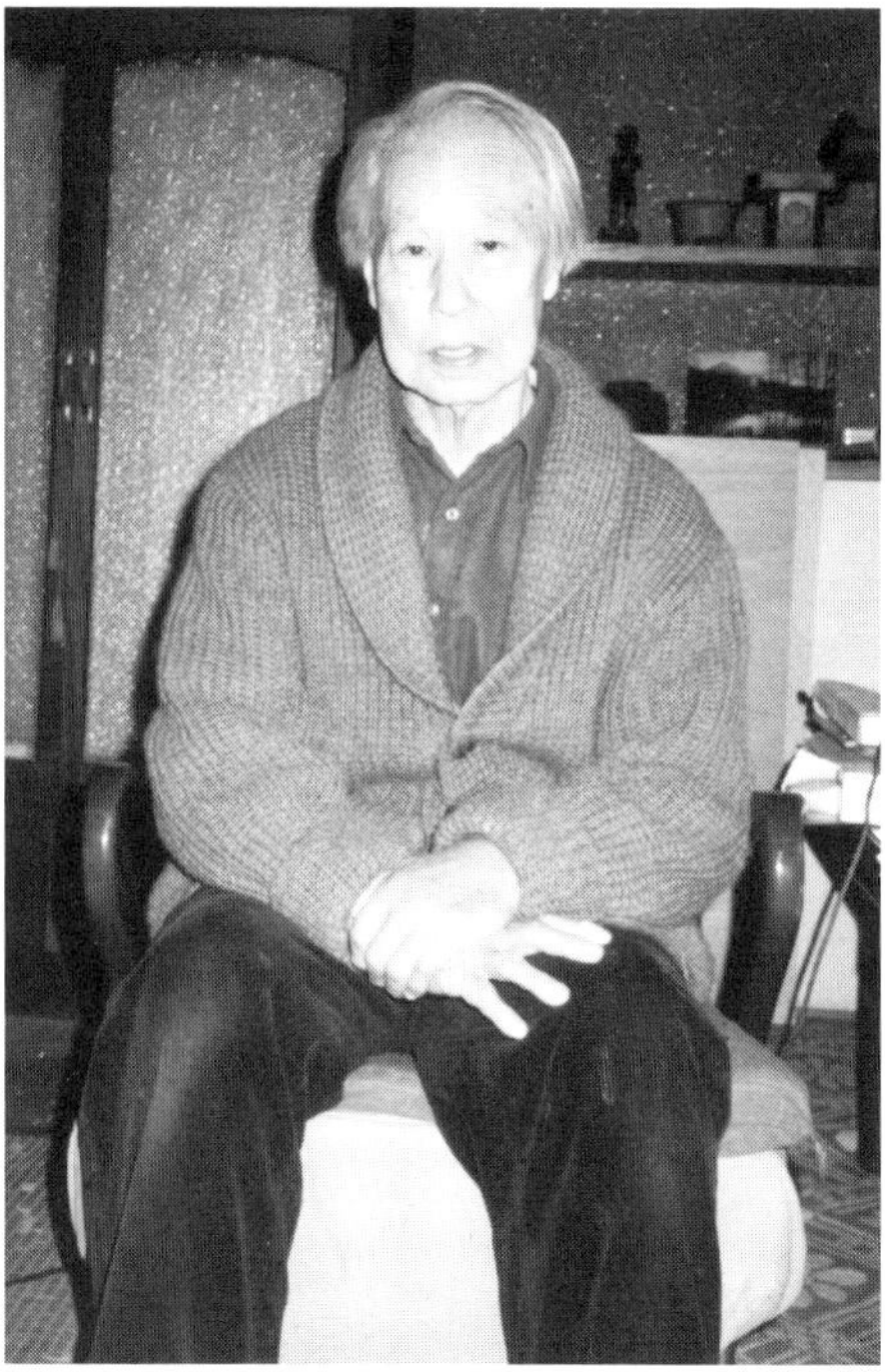

先生は普段道場では、このようなお姿で椅子に座られて稽古を見ておられた。時どき立ち上がって技を示され、また座られた。

佐川先生から黒帯（初伝初段）をいただき、記念写真をとった　左端が私
初めの頃は門人も少なく昇段式のあと佐川先生と記念写真をとる習慣があった。
昭和 56 年1月 11 日

松本城天守閣にて
佐川先生　84歳　昭和61年8月18日（撮影：小野田宇花）

【佐川先生と共に】

233頁と同じく、松本城天守閣に行った時の写真で、私と談笑している先生

松本城から出てきたところ

学士会館にて　昭和60年2月24日

談笑する佐川先生と私

初めての佐川道場の庭でビール会　昭和59年8月11日
この年以降、毎年夏にビール会をやるようになった。

佐川先生と筆者の後ろにいるのは、稲妻望・ブリジット夫妻（『合気修得への道』フランス語版翻訳者）　昭和62年8月1日

佐川幸義先生が武田惣角先生と各地を指導した新聞記事

佐川先生は武田惣角先生と共に各地を指導して回ったが、たまたま東京日日新聞社が関係する場所で指導した時の新聞記事が残されている。

左：新聞記事の頃の佐川幸義先生 昭和11年（1936）

下：東京日日新聞（昭和11年 1936.4.30）の「昔の子弟を訪ねて“今卜伝”浦和へ 連日武徳殿で猛稽古今年七十八の武田惣角翁」という題がついた記事の一部。

「北海道北見国白瀧駅前に隠遁生活を送っていたが、再び行脚の旅に出て、札幌に代理教授をしている佐川幸義氏（三五）を同伴して最近来浦し……」
とある。

がこれまた樂々と體がつりあがり、投げ倒しては『分りましたか』といろ〳〵の型を實地に體驗させてくれたには驚くばかりだつた

某《ぼう》高段者《だんしゃ》もこの爺さんに手をつかまへられて自由《じゆう》がきかなくなり武《ぶ》德殿《とくでん》の廣《ひろ》い道場《どうぢやう》を一巡《じゆん》させられたほどである

明治卅年前までは劍道の武者修業に全國を行脚しそれが了つて今度は合氣柔術の行脚に北は北海道から本州、九州とほとんど全國を股にかけ廿余年間北海[illegible]

北見國白瀧驛前に隱遁生活を送つてゐたが再び

行脚

の旅に出で札幌に代理教授をしてゐる門弟佐川幸義氏(三五)を同伴して最近來浦しその昔翁から敎へを受けた浦和市岸町在住の北足立郡農會幹事澁谷周藏氏方に身を寄せ浦和署の演武場や武德殿の道場で高橋縣警務課長を初め多くの警察官や一般希望者に秘流の型を公開してゐるが大體の型は五日乃至十日位の練習で覺えられる【寫眞は武田翁】

守衛諸君の武道錬磨
合氣術の稽古

本社の守衛諸君はさきに棒術の稽古をしたが、今度さらに大東流合氣柔術總務長武田惣角翁(七八)が高弟佐川幸義氏を随へ埼玉縣警察部の依頼をうけて赴任の途次を好機としてわが守衛諸君は五月十一日から十日間直接その敎へをうけた。

翁は舊會津藩士で、この術は昔は藩の『御留め流』となつて武田家の秘術であつたものだけに、如何なる他流もこれにはかなはないとされ柔道三、四段の猛者でも力を用ひず一觸身動きも出來ないほどの凄い技である。【寫眞は本社大會議室假道場で柔道の有段者二人が合氣の妙手にからめられてゐるところ、立てるが武田翁】

十六日午後に使命果して歸京した。

左：東京日日新聞社報
昭和11年1936.6.3

「本社の守衛諸君はさきに棒術の稽古をしたが、今度さらに大東流合氣柔術総務長武田惣角翁（七八）が高弟佐川幸義氏を随へ埼玉県警察部の依頼を受けて赴任の途次を好機としてわが守衛諸君は五月十一日から十日間直接その教えを受けた。
……立てるが武田翁」
膝ついて座っているのが佐川先生。

下：佐川先生は、先生として指導しているので、受講者は、武田先生と佐川先生の両方の英名録に署名した。

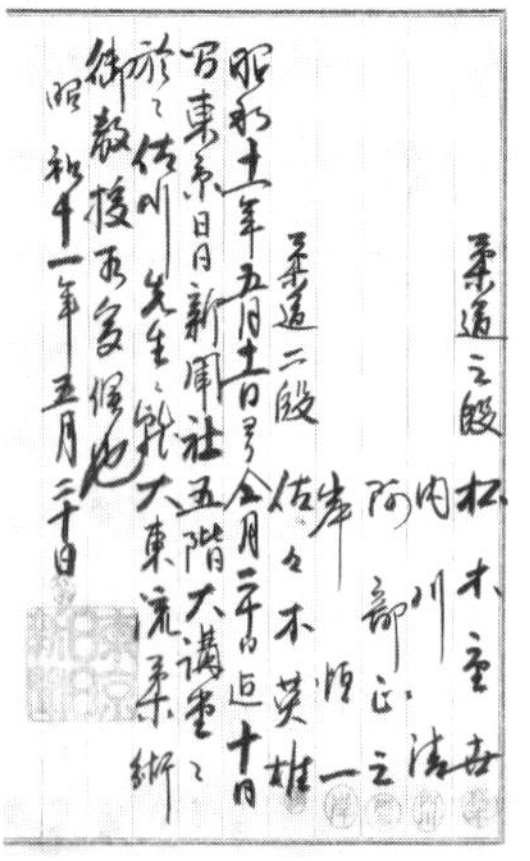

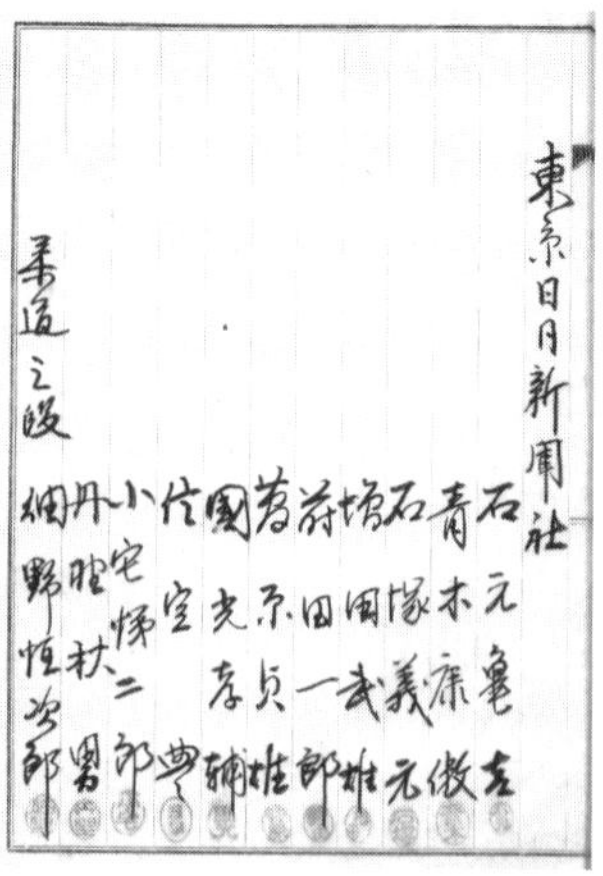

活かすも殺すも この腕一本

昭和の卜傳 武田惣角翁

どんな剛力な男をも腕一本で活殺自在といふ昭和の塚原卜傳のやうな人物が現れた、北海道北見國白瀧驛前に大東流氣合柔術道場をもつ武田惣角翁(七八)とて舊會津藩士武田家の秘術で廿年前惣角翁が北海道に移り廣く弟子を取ることになつて初めて世に現れたもの、現在では全國に三萬人もの門弟があるといふ

去る四月埼玉縣警察部の依頼をうけて全國行脚を思ひ立ち高弟の佐川幸義氏(三五)を伴ひ浦和に來て武徳殿で縣警察部の人々に指南し、その足で今朝本社を訪れ守衛諸君に極意の手ほどきをしたが柔道三段、四段を誇る大男連を苦もなくバタ／＼と身もがきさせる、要するに柔術の逆で關節といふ關節を立ち所に捻りあげ參觀者をすつかり感心させた

武田翁はこれから大阪方面へ指南行脚に出かけると

○杉並區役所 4―4 杉並郵便局 ・ドロンゲーム

區役所 0 2 0 0 0 0 0 0 2 ― 4
郵便局 0 0 0 0 0 0 0 2 2 ― 4

美技賞、吉田(區役所)渡邊(郵便局)江原(同)

○明星 3―0 遞工市外區

遞工 0 0 0 0 0 0 0 0 ― 0
明星 0 0 0 3 0 0 0 0 ― 3

なほ廿四日の準決勝、決勝戰は午前十時から擧行と決定

肅選映畫會

府會議員の選擧も目睫に迫つたので各區大童となつて肅正宣傳に努めてゐるが牛込區役所では十八日午後六時から同區原町高等小學校で選擧肅正趣旨普及に關する映畫會を開催

會と催

◇建築委員會 淀橋區建築委員會は十九日午後三時から區役所委員室で行ふ

東京日日新聞　山手版　昭和 11 年 (1936.5.19)

この新聞では「去る四月埼玉県警察部の依頼をうけて　全国行脚を思い立ち　高弟の佐川幸義氏（三五）を伴い浦和に来て　武徳殿で県警察部の人々に指南し……。武田翁はこれから大阪方面へ指南行脚に出かけると」とある。

佐川先生は家族のこともあって北海道に戻られたが、武田先生は一人で大阪朝日新聞社へ行き、久琢磨氏を訪ねた。その時の様子を久琢磨氏自身が語っている。
「ほんとに突然、何の前ぶれも紹介もなしに、武田惣角大先生が現れた。植芝盛平先生は必ずご自分の内弟子を3、4人同道してこれらを受身の相手として術技を示すのであったが、武田先生は弟子などは一人も連行せず、それがどんな猛者でも、その場に出てくる者を相手にして技をみせる。この場合も入れ代わり立ち代り、猛者たちをまるで赤ん坊の手をくじくごとく投げ飛ばし、押さえこんで『参りました』も言わせない。……私ども一同は、ただちに先生の膝下に伏して入門した」
(『改訂版　武田惣角と大東流合気柔術』　どう出版　124 頁参照)

そして久琢磨氏は3年後の昭和 14 年3月に、免許皆伝になった。
佐川先生が第 36 代宗家になったとき、久琢磨氏は「貴下が其資格を以って　御継承　相成られる事は全く肩の荷を卸ろしたる感があります。」と手紙を書いた。

さがわ ゆきよし

1902（明治 35）年、北海道湧別に生まれる。10 歳の頃より、父・子之吉とともに大東流武田惣角の指導を受ける。1932 年 8 月 24 日北海道札幌にて惣角より代理教授を許される。以後惣角に同行して各地に指導にまわる。1955 年から小平市の自宅に道場を開く。1998 年 3 月 24 日永眠。享年 95 歳。

きむら たつお

1947(昭和 22) 年､東京に生まれる。1979 年､佐川幸義宗範に入門。最高教程である第十元までの直伝講習を受ける。
また佐川宗範を世に出した『透明な力』（講談社）を著す。
筑波大学名誉教授。理学博士。佐藤幹夫教授の理論を紹介した『概均質ベクトル空間』（岩波書店）を著す。

改訂新版 合気修得への道
佐川幸義先生に就いた二十年

二〇二四年五月二十七日「改訂新版」第一刷発行
二〇〇五年十一月九日 初版第一刷発行
二〇一三年二月四日 第八刷発行
二〇一八年十二月七日 新版第一刷発行

著者 木村達雄
発行者 渕上郁子
発行所 どう出版（旧合気ニュース）
〒二五二-〇三一三 神奈川県相模原市
南区松が枝町十四-十七-一〇三
電話 〇四二-七四八-二四二三（営業）
〇四二-七四八-二二四〇（編集）
http://www.dou-shuppan.com

印刷所 株式会社シナノパブリッシングプレス

ISBN978-4-910001-43-2